52 perguntas sobre Jesus

e suas respostas possíveis

José Carlos Leal

52 perguntas sobre Jesus

e suas respostas possíveis

1ª edição

Editora Ideia Jurídica

52 PERGUNTAS SOBRE JESUS E SUAS RESPOSTAS POSSÍVEIS

Editor:	*Cláudio Luiz Brandão José*
Capa e diagramação:	*Rogério Mota*
Revisão:	*Maria Flavia dos Reis Amambahy*
1ª edição	*2015*
Impresso no Brasil	*Printed in Brazil*

Editora Ideia Jurídica Ltda.
editorial@editoraeij.com.br
Tel. (21) 3437-3400 / 3437-4400

DADOS INTERNACIONAIS PARA CATALOGAÇÃO NA PUBLICAÇÃO (CIP)

L471c

Leal, José Carlos, 1940-
52 perguntas sobre Jesus e suas respostas possíveis / José Carlos Leal. - 1. ed. - Rio de Janeiro : Ideia Jurídica, 2015.
139 p. ; 21 cm.

Inclui bibliografia.
ISBN 978-85-87873-56-9

1. Jesus Cristo - Interpretações espíritas. 2. Espiritismo. I. Título. II. Título: Cinquenta e duas perguntas sobre Jesus e suas respostas possíveis.

CDD- 133.9

JOSÉ CARLOS DOS SANTOS MACEDO – BIBLIOTECÁRIO CRB7 N.3575

SUMÁRIO

PALAVRAS INICIAIS

Este livro não possui a arrogância de dar respostas exatas sobre as questões propostas. O seu objetivo é pura e simplesmente trazer mais informações ao leitor sobre Jesus Cristo e, assim, segue a mesma orientação de três livros sobre Jesus que já escrevi: *O Cristo*, *O Jesus dos espíritas* e *Jesus, sua terra, seu povo e seu tempo*. A maioria das respostas dadas são resultado de pesquisas realizadas em autores consagrados que escreveram sobre Jesus. Há também neste livro uma forte tendência espírita na interpretação dos fatos, uma vez que eu, sendo espírita, não poderia nem deveria abrir mão das ideias de nossa doutrina no que diz respeito a Jesus. Há também ideias pessoais, resultado da minha própria reflexão sobre Jesus e os Evangelhos.

O fato de eu colocar neste trabalho ideias próprias não significa que eu me afaste da orientação espírita. As ideias que defendo, portanto, não se conflituam com as ideias espíritas, uma vez que, aqueles que se tornam espíritas dificilmente podem pensar em qualquer tipo de tema, mesmo os não religiosos, desconhecendo ou mesmo indo de encontro ao pensamento doutrinário dos espíritos da Codificação.

Tomemos um exemplo: eu não acredito (como verão, ao lerem o texto) que Jesus tenha expulsado os vendilhões do templo, embora a Doutrina espírita não se manifeste neste caso. De meu ponto de vista, um Jesus colérico e irado, violento mesmo, não se coaduna com o Jesus que manda perdoar setenta vezes sete vezes. Não posso crer também que um espírito da evolução de Jesus pudesse ser tentado pelo demônio, uma vez que, segundo a nossa doutrina, o demônio, como princípio do mal metafísico e opositor de Deus, não pode existir.

Assim, espero que este texto possa ser útil ao nosso leitor no sentido de lhe aumentar os conhecimentos sobre Jesus Cristo, nosso modelo e guia, e o que é principal: que possa fazer bom uso deste conhecimento.

1 QUEM É JESUS?

Esta pergunta possui diversas respostas conforme a posição em que se coloca aquele que vai responder. Um católico dirá que Jesus é a Segunda Pessoa da Santíssima Trindade que se encontra no céu, sentado ao lado direito de Deus Pai, Todo-poderoso, Criador do Céu e da Terra. Um evangélico poderá dizer que Jesus é o caminho, a verdade e a vida. Um marxista poderá dizer que Jesus foi um revolucionário que, a seu tempo, tentou implantar o comunismo, mas falhando, morreu crucificado, vítima dos reacionários de seu tempo. Um médico francês do século XIX, por nome Binet-Sanglé, escreveu uma obra em quatro volumes cujo título é *La folie de Jésus* (*A loucura de Jesus*), em que ele defende a tese de que Jesus seria um doente mental. Estas interpretações podem continuar com outros conceitos semelhantes sobre o Cristo.

Quanto a nós – os espíritas, Jesus –, é o governador do Planeta Terra, aquele que no iniciar da formação de nosso planeta esteve à frente do trabalho de construção e organização deste mundo de provas e expiações, que ele conduz e protege até aos nossos dias. É por este motivo que João Evangelista, no prólogo de seu Evangelho escreveu: "Veio para o que era seu e os seus não o receberam." (*Jo.*, I:11). Fechemos esta resposta com uma citação de Emmanuel:

> Só Jesus não passou, na caminhada dolorosa das raças, objetivando a dilaceração de todas as fronteiras para o amplexo universal. Ele é a própria Luz do Princípio e nas suas mãos misericordiosas repousam os destinos do mundo. Seu coração magnânimo é a fonte da vida para toda a humanidade terrestre. Sua mensagem de Amor, no Evangelho, é a eterna palavra da ressurreição e da

justiça, da fraternidade e da misericórdia. Todas as coisas humanas passaram, todas as coisas humanas se modificarão. Ele, porém, é a luz de todas as vidas terrestres, inacessível ao tempo e à destruição.

2 QUEM SÃO OS PAIS DE JESUS?

O pai de Jesus

O nome do pai de Jesus, segundo os Evangelhos canônicos, e mesmo os apócrifos, era Iossef bar-Jacó ou José, filho de Jacó. O Evangelho de Lucas (*Lc.* III) diz que ele era Justo, ou seja, era um homem correto, observador da lei de Moisés, que fazia a peregrinação da Páscoa e um excelente pai de família, que amava Jesus sobremodo. Nós ainda podemos acrescentar que ele era um médium onírico e um espírito de evolução considerável que aceitou participar da missão de Jesus como seu pai e guardião.

Os Evangelhos canônicos nos dizem que ele era carpinteiro (*teknon*), o que é confirmado nos Evangelhos apócrifos que dele tratam, como: *A história da natividade de Maria*; *O Evangelho da infância*; *O Evangelho de Nicodemos*; *O livro de Theoma, o Israelita* e *A história de José, o carpinteiro.* A leitura desses apócrifos nos diz que José fabricava portas, crivos para as charruas, cofres, leitos, cangas para bois; instrumentos de madeira para arar a terra. Em *O livro de Theoma, o israelita*, diz-se também que ele cultivava a terra. Conforme o *Evangelho da natividade de Maria*, ele passava grande parte de seu tempo trabalhando em Cafarnaum, visitando Maria em Nazaré e depois voltando para Cafarnaum.

Como pai, José deveria ser muito semelhante à maioria dos pais em Israel, ou seja, amava seus filhos e tinha para com estes grande cuidado. No *Evangelho de Mateus*, há uma passagem interessante em que Jesus nos diz:

Qual dentre vós, quando seu filho lhes pede pão lhe dá pedras ou quando pedem peixe, lhe dá uma serpente? Assim, pois, se vós que sois imperfeitos costumais dar coisas boas a seus filhos, com mais razão vosso Pai que está nos céus dará coisas boas a quem lhe pede (*Mt.*, VII:11). Note-se que, nesta passagem, Jesus faz uma comparação entre os pais da terra e o Pai do céu, ressaltando o comportamento amoroso dos pais deste mundo. Jesus deve ter observado isso quando criança, não só entre os homens de sua aldeia, mas, principalmente, observando José.

Nos Evangelhos Canônicos, José desaparece logo depois do episódio em que Jesus menino se perde de seus pais em Jerusalém. A partir de um certo momento, os escritores que tratam deste assunto falam sempre dos filhos de Maria e, do mesmo modo, chamam também a Jesus.

Consoante o apócrifo *A história de José, o carpinteiro*, a doença que levou José a morte foi dolorosa. Ele deixou de comer e beber e perdera seu gosto habitual de trabalhar com a madeira. Nos últimos momentos de sua vida, foi tomado por uma profunda angústia e começou a gemer e a dizer palavras sofridas até que exalou o último suspiro. Ainda segundo esta fonte, ele morreu no dia 26 de junho ao nascer do sol. Muito provavelmente ele desencarnou antes da crucificação, pois, no Gólgota, pregado na cruz e prestes a regressar ao Mundo Espiritual, vemos Jesus entregar sua mãe aos cuidados de João, filho de Zebedeu, o que não aconteceria se José estivesse ainda encarnado.

A mãe de Jesus

De acordo com o *Evangelho de Lucas*, Maria pertencia à tribo de Levi e era parenta de Isabel, mulher de Zacarias e mãe de João Batista. Como era comum às famílias judaicas, ter muitos filhos era uma bênção, enquanto a esterilidade seria maldição. Maria teve sete filhos, cinco meninos e duas meninas.

Há de se acreditar no Evangelho apócrifo intitulado *Protoevangelho de Tiago*, Maria era filha de Joaquim, um judeu muito rico e justo aos olhos de Deus e uma mulher chamada Ana, que era estéril. A esterilidade magoava sobremodo a esposa de Joaquim e todas as mulheres férteis da comunidade zombavam dela e a reputavam maldita. O próprio Joaquim também sofria muito, pois seu nome não constava na listas daqueles que deram filhos a Israel e isso era quase que infamante.

O casal suplicava a Deus a vinda de um filho que afastasse deles aquela mancha tão cruel. Deus ouviu as suas preces e enviou a eles uma filha que, como acontece nesses casos, foi entregue ao templo onde era chamada a Donzela do Senhor. Ela ficará no templo até o tempo em que se tornará impura (*nidá*), por causa de sua menstruação. Então deixara o Templo para se casar com José.

Casada com José, ela passa a ter a vida bastante dura das mulheres israelitas, cuidando da casa, tecendo as roupas domésticas, fazendo os alimentos para seu marido e seus filhos, amassando no pilão doméstico grãos de trigo e ainda indo à fonte para apanhar água em grandes potes ou bilhas que eram trazidos nos ombros ou na cabeça. É muito provável que os seus filhos, principalmente as meninas, a ajudassem em todas essas tarefas domésticas.

Como era comum às mulheres de Israel, Maria não era letrada, possivelmente não sabia ler ou escrever. Era, porém, uma pessoa muito piedosa e seguidora da lei (*thora*). No *Evangelho de Lucas*, vemos Maria acompanhando José e seus filhos a Jerusalém por ocasião da Páscoa, o que era um dever religioso a que nenhum judeu sincero poderia escapar. Ela amava muito Jesus, que ela aleitou até aos três anos, como era do costume judaico. Mostrou-se muito preocupada quando Jesus desapareceu em Jerusalém e fica muito preocupada quando Jesus começa a pregar, ela teme que ele desperte a ira dos poderosos. Maria, muitas vezes, deveria sofrer em silêncio e por isso Lucas diz que ela *guardava estas coisas em seu coração.*

De início, Maria parece não ter nem compreendido nem aceitado a missão de seu filho. Chega mesmo a considerá-lo louco (*Mc.*, III:20). Com o passar do tempo, porém, ela começa a viver um conflito: aceitar Jesus e o que ele fazia e dizia ou se afastar dele. Ela escolheu a primeira alternativa e se incorporou, definitivamente, ao grupos dos apóstolos e discípulos. Ela permanecerá no grupo até ao amargo fim no monte Gólgota aos pés da cruz. O final de sua vida se dá em Éfeso, para onde João a havia levado.

3 SERIA JESUS FILHO DE UMA VIRGEM?

Esta é uma questão que a Igreja Católica fechou no dogma da Imaculada Conceição ou da Concepção sem mancha. Conforme este dogma Maria seria virgem antes, durante e depois do parto. Vamos examinar esta questão com mais cuidado. Na genealogia apresentada por Mateus encontramos: Eleazar gerou Matã, Matã gerou Jacó, Jacó gerou José, o esposo de Maria e José gerou Jesus, chamado o Cristo (*Mt.*, I:16-17). Esta genealogia tem por fim provar que Jesus descendia de Davi, através de José; contudo, se o pai de Jesus é a divindade e não José, Jesus não descende de Davi e logo não é o Messias. Para que ele seja o Cristo é necessário que José o tenha engendrado do modo natural pelo qual as crianças vêm a este mundo.

Esta ideia deriva do conceito de pecado original (outro dogma da Igreja) segundo o qual a união sexual suja, macula, mancha a mulher, que se torna impura depois do parto, segundo o Judaísmo. Nesse caso, se poderia argumentar que, no livro Gênesis, Deus manda o homem crescer e multiplicar-se, mas como seria possível a multiplicação da espécie humana e da espécie animal, em geral, sem a união sexual? Segundo a Igreja, porém, o sexo é pecado e, sendo assim, deve ser evitado, contudo, se for evitado como se poderia procriar? Como se pode ver, esta ideia não pode se sustentar ante uma argumentação lógica e racional.

Um outro aspecto interessante é a presença em diversas culturas de um mitema (unidade do mito) muito antigo das virgens mães e das mulheres engravidadas por deuses ou de deusas engravidadas por mortais. Os exemplos são muitos: O herói troiano Eneias era filho da deusa Vênus com um mortal; Hércules era filho de Zeus com Alcmena; Alexandre Magno se considerava filho de Zeus e Olímpia; Rômulo e Remo eram filhos de Marte com uma vestal chamada Rhea Silvia; Apolônio de Tiana era tido como filho de Apolo. Os exemplos podem se multiplicar e não pouco. Tais mitos estavam espalhados pelo Mundo Antigo e não é improvável que tenham sido conhecidos pelas pessoas que escreveram os Evangelhos, influenciando algumas de suas ideias.

4 JESUS TERIA TIDO MAIS IRMÃOS?

Esta questão seria uma espécie de prosseguimento da questão anterior e a resposta para ela é sim. Vamos examiná-la a partir de uma passagem que se encontra no *Evangelho de Marcos*. Neste trecho, Jesus havia estado na Sinagoga de Nazaré e se identifica como o Messias anunciado pelo profeta Isaías. Os nazarenos que o conheciam muito bem dizem sem compreender as suas palavras: Não é este o carpinteiro, filho de Maria, irmão de Tiago, José, Judas e Simão? Não vivem aqui conosco suas irmãs? E se escandalizaram dele (*Mc.*, IV:3).

Conforme este relato, Jesus havia tido quatro irmãos de sexo masculino? Tiago, José, Simão e Judas e algumas irmãs cujos nomes nos são desconhecidos. Naturalmente, esses nomes são uma oposição muito forte ao dogma da imaculada conceição e da virgindade de Maria após o parto de Jesus. Existe uma hipótese de que os filhos de que nos falam o *Evangelho de Marcos* são do primeiro casamento de José. Esta hipótese, entretanto, já foi abandonada por estudiosos sérios e criteriosos desta matéria.

A palavra grega que se usa nesta passagem que estamos examinando é *adelphos*, que significa "irmãos". Filhos do mesmo pai e da mesma mãe. Filhos apenas de um mesmo pai se diz em grego *adelphos homopatrios*. Há uma segunda teoria que diz serem os irmãos de Jesus seus primos e que os judeus tratavam os membros consanguíneos de uma família por irmãos. Ora, a palavra grega para designar primos é *anepsis*, palavra que poderia ser usada perfeitamente (e não foi) caso se tratassem de primos. Nos Evangelhos canônicos, nos Atos dos Apóstolos, em Hegessipo e Eusébio, o termo usado é *adelphos* e não *adelphos homopatrios*, termo que poderia ter sido usado se os rapazes e as moças fossem filhos de um primeiro casamento de José. A palavra *adelphos* é formada de *a* – prefixo copulativo e *delphos* – matriz e só pode ter um sentido: nascido de um mesmo útero ou filhos de um mesmo pai e de uma mesma mãe.

No *Evangelho de Lucas* se diz que Jesus foi o filho primogênito de Maria, ou seja, o primeiro nascido que, em grego, se diz *prototokon*. Ora, dizer que uma criança é a que nasceu primeiro significa que ela possui irmãos que nasceram depois. Não se diz que Jesus teria sido o unigênito de Maria (o seu filho único), pois isto seria negar os fatos que estavam bem marcados na memória das pessoas e contrariar os textos evangélicos.

5 ONDE JESUS NASCEU: BELÉM OU NAZARÉ?

Estas duas cidades disputam a honra de ter sido o local de nascimento de Jesus. Marcos em seu Evangelho escreveu: Tendo saído dali foi para a sua pátria (*Eis en patrida auton*). Não se nomeia a cidade, mas não há dúvida de que se trata de Nazaré. P. Lagrange, defensor de Belém como o lugar do nascimento de Jesus, tenta minimizar a frase de Marcos, dizendo que a palavra pátria não significa que seja um lugar de nascimento, mas o lugar onde nasceram seus pais.

Mateus, ao contrário, diz que Jesus nasceu em Belém de Judá (*Bethleén tes Ioudaios*), a cidade de Davi. Conforme Mateus e Lucas, José e Maria viviam em Jerusalém e teriam ido a Belém em virtude do censo romano e, nessa oportunidade, Jesus nasceu. Este nascimento em Belém parece muito oportuno para justificar a seguinte passagem do profeta Miqueias: "E tu, Belém, terra de Judá, não és por certo a menor, entre as principais, cidade de Judá; já que de ti sairá um pastor que apascentará o meu povo, Israel."

Seria interessante lembrar que havia uma outra Belém, situada no antigo território de Zebulon, ao norte de Nazaré. Esta cidade aparece no Livro de Josué (*Js.*, XIX:15). Alguns estudiosos então levantaram a seguinte hipótese: possivelmente aconteceu uma confusão entre as duas Beléns e que a mais conhecida teria superado a outra; e Belém de Nesar ou Nasar, assim chamava a Belém da Galileia teria sido a verdadeira pátria de Jesus. Esta teoria não aparece documentada em lugar algum e tem muito poucas possibilidades de ser verdadeira.

Em verdade, a tradição fixou o nascimento de Jesus em Belém de Judá baseada não em um argumento histórico, mas na profecia de Oseias que acabamos de ler. Já que Jesus era o Messias de Israel, mais justo seria que ele nascesse em Belém, a cidade de Davi. Este teoria era autenticada por si mesma, não necessitando de provas externas que a justificassem além da profecia.

Mateus, porém, teria se referido a uma profecia que diz assim: ele (Jesus) será chamado de O Nazareno. Esta expressão possui duas interpretações: Em primeiro lugar, pode-se afirmar que nazareno significa nascido em Nazaré, confirmando, desse modo, a profecia ou o nome Nazareno aplicado a Jesus não se refere a lugar de nascimento.

Contra a tese a favor de Belém, podemos lembrar que, embora o *Evangelho de Lucas* afirme que Jesus nasceu no Império de César Augusto, quando aconteceu um censo geral no Império. Isto se deu no tempo em que Quirino era governador da Síria e Herodes, rei da Judeia. Esta afirmação pareceu verdadeira até que pesquisas modernas revelaram que Herodes morreu anos antes da era cristã, Quirino não foi governador da Síria no tempo de Herodes e não houve nenhum censo universal durante o reinado do Imperador Augusto. Flávio Josefo, em suas *Antiguidades judaicas*, confirma que houve um censo na Judeia, mas seis anos depois da era cristã.

De tudo o que foi visto até aqui, achamos que a razão está com Marcos e que Jesus nasceu em Nazaré. Acreditamos também que a expressão Jesus de Nazaré diz respeito, sim, ao seu local de nascimento, pois era muito comum, na Antiguidade, somar-se ao nome de uma pessoa o seu local de nascimento, como Pitágoras de Samos, Tales de Mileto, Heródoto de Halicarnasso, Saulo de Tarso. O nascimento em Belém nos parece apenas um termo para comprovar uma profecia relativa ao Messias.

6 QUAL O SIGNIFICADO DO NOME JESUS CRISTO?

Jesus é a imitação da palavra grega *Jeshua* que é por seu turno a forma antiga das palavras *Jehoshua* ou *Joshua*, ou ainda *Josué*, que significa "Jeová é a salvação". Como se pode ver este nome é simbólico, uma vez que Jesus é o salvador dos homens.

A palavra Cristo é de origem grega e significa "ungido". Em hebraico, a palavra Cristo se diz *Mashiah* (Messias) e não era, necessariamente, uma palavra religiosa, os reis de Israel, como Saul e Davi, foram chamados ungidos. Este nome também foi aplicado a Ciro, rei da Pérsia. Assim, Cristo não é um nome próprio, mas um aposto ou um determinativo que se usa depois do nome de Jesus.

7 DATA DO NASCIMENTO DE JESUS

Os primeiros cristãos não estavam muito interessados em determinar a cronologia da vida de Cristo, até porque eles mesmos não tinham como saber com certeza as datas de certos fatos da vida de Jesus. Quem determinou o começo da era cristã foi um monge cita,[1] chamado Dionísio, o Pequeno (*Dionysius exiguu*), que viveu em Roma no século IV. Para determinar a data do primeiro século, Dionísio valeu-se do *Evangelho de Lucas* e, por meio do Terceiro Evangelho, ele fez o seguinte raciocínio: Se João Batista começou a pregar no Jordão no ano XV do governo de Tibério e se supõe um ano aproximadamente entre o início da vida pública de Jesus e a do Batista, Jesus teria trinta anos, o que corresponde a XVI do governo de Tibério. Se retrocedermos trinta anos (tempo da vida de Jesus no início de sua pregação) teremos o ano 754 da fundação de Roma. Destes antecedentes Dionísio concluiu que a data correta para o nascimento de Jesus seria 25 de dezembro, que se tornou a data do primeiro ano da nova era.

Dionísio não se deteve em avaliar a validade de seu raciocínio uma vez que não admitia que a sua fonte, o *Evangelho de Lucas*, pudesse estar errada, assim acreditava que a data da morte de Herodes, assim como a do censo de Quirino, eram anteriores a 754. Em nossos dias, mesmo no interior da Igreja católica, estudiosos e eruditos já admitem que Dionísio se equivocou e acreditam que o Natal deveria ser festejado em seis ou sete de janeiro. Já no começo do século III, Hipólito se pronunciava em favor da data admitida por Dionísio, mas Clemente de Alexandria indicava a data de 18 de abril e havia ainda quem preferisse 28 de maio e 29 de março. Havia ainda a questão dos pastores do *Evangelho de Lucas* que estavam no campo e isto sugere que fosse primavera e não inverno, o que afastava a hipótese do mês de dezembro. Na Igreja oriental, é consenso a data seis de janeiro para o Natal.

[1] Natural da antiga Cítia Menor, atual região de Dobruja, Romênia.

Um outro fato, porém, contribuiu bastante para se fixar a data de 25 de dezembro, em concordância com o solstício de inverno, como o Natal. Nesta data os romanos festejavam o nascimento de Mitra, uma divindade solar (*Natalis Solis Invictis* ou Nascimento do Sol vencedor). No livro do profeta Malaquias (*Ml.*, IV:2) está escrito: "Por sobre vós, que temeis meu nome, se levantará o sol da justiça". Logo se associou a expressão sol da justiça com Jesus Cristo e a festa pagã de Mitra se transformou em uma festa cristã: *Natale Domini* ou o Natal do Senhor.

Embora não se tenha total certeza, acredita-se que foi o Imperador Constantino I, chamado O Grande, que reinou de 306 a 337, quem decidiu que o nascimento de Jesus deveria ser festejado em 25 de dezembro. Conta ainda a tradição que o filho de Santa Helena, Constantino, tomou esta decisão quando construía uma basílica em honra de São Pedro na colina do Vaticano, onde eram comuns as festas do deus Mitra. Antes porém que Constantino tomasse esta decisão, o Papa Júlio I, que viveu ente 280 e 352, e foi papa de 337 a 352, fixou oficialmente a data de 25 de dezembro para a festa do Natal na Igreja ocidental. O primeiro calendário que marca o Natal neste dia é o de Philocalos, surgido no ano 354 da era cristã.

Como se pode ver com facilidade, nós não sabemos o dia em que nasceu Jesus, mas de uma coisa podemos estar certos: Jesus não nasceu no dia 25 de dezembro.

8 JESUS TERIA SIDO VISITADO POR MAGOS VINDOS DO ORIENTE?

A resposta a esta pergunta é positiva desde que se expliquem certos fatos que fizeram a crítica materialista considerar o episódio dos magos como uma lenda piedosa.

O evangelista Mateus nos diz que, tendo Jesus nascido em Belém da Judeia, para onde segundo Lucas seu pai se dirigiu, levando com ele a esposa grávida, a fim de responder a um censo determinado por Augusto e realizado por Quirino. Não tendo lugar para pernoitarem, foi oferecido ao casal um estábulo e nesse estábulo nasceu Jesus. Foi ainda neste lugar que o recém-nascido recebeu a visita ilustres dos magos que vieram adorá-lo e lhe trouxeram presentes

A primeira questão que o texto nos sugere é a seguinte: quem eram esses magos? A palavra mago se diz em grego *magoi* e designa os sacerdotes do culto de Zoroastro ou Zaratustra, o fundador do Masdeísmo. Há autores respeitáveis, porém, que dizem que os magos faziam parte de uma antiga casta sacerdotal da Pérsia. Marco Túlio Cícero, o grande advogado e erudito romano, acreditava que os magos eram homens doutos que se dedicavam ao estudo da Filosofia. Por fim, o geógrafo grego Estrabão afirmava que os magos eram sábios dedicados ao estúdio das Ciências Naturais, Medicina, Astrologia e Adivinhação.

Embora eles fossem chamados reis o *Evangelho de Mateus* não os trata assim. Quem lhe deu este título foi São Cesário de Arles que se baseou em um salmo de Salomão que diz: Os reis de Sabá e Sebá vão lhe pagar tributos, todos os reis se prostrarão diante dele, as nações todas o servirão (*Sl.*, LXXII:10, 11). Foi a partir do século VIII que os artistas começaram a pintar os magos como reis.

No texto de Mateus não está fixado o número de magos. Assim, tanto nas catacumbas romanas como em antigos monumentos cristãos, o número de magos é variado. Na igreja de São Pedro e de São Marcelino, datadas do século II, os magos eram apenas dois. Nas Catacumbas Domitila (século IV) eles são quatro. Em representações sírio-armênicas os magos são, nada mais nada menos, que doze. Foi Orígenes (185-254) o primeiro a fixar o número deles em três, com base nos presentes que trouxeram: ouro, incenso e mirra, que eram também três.

Por serem três, tornaram-se representantes das três raças oriundas dos filhos de Noé: Sem (semitas), Cam (camitas) e Jafé (jafetistas), Foi o Reverendo Beda que morreu em 735 quem lhes deu o nome de Baltasar, Gaspar e Melquior e os associou do seguinte modo: Melquior representa a Europa, trouxe ouro e simboliza a raça jafetista; Gaspar simboliza a Ásia e os semitas trouxe incenso; e Baltazar, representando a África e a raça camita, trouxe mirra.

Negando a correção da informação acima, há teóricos que nos dizem que os nomes dos magos já existiam no século IV em um manuscrito da Biblioteca de Paris. Os nomes ali existentes eram os seguintes: *Bhitisarea, Melchior e Gatahaspa.* No século IX, o historiador Agnelo, em sua obra *Pontificalis Ecclesiae,* dá a esses personagens os nomes com que os conhecemos nos dias atuais: *Baltasar*, *Melchior* e *Gaspar.* No século XII, o bispo Zacarias trouxe outros nomes para eles, mas prevaleceram os já existentes.

Por fim, há ainda um aspecto a ser discutido: texto evangélico diz que os magos seguiram uma estrela até a cidade de Belém. Que estrela seria esta? Seria um fenômeno natural (uma estrela real). O Astrônomo alemão Johannes Kepler (1571-1630), no ano da graça de 1603 sustentou a hipótese de que a estrela de Belém fosse a conjunção do planeta Júpiter com Saturno no dia 21 de maio do ano 747 do calendário romano, três anos antes da morte do rei Herodes, o Grande. Esta conjunção astral, imagina Kepler, deve ter causado uma profunda impressão na alma dos antigos astrônomos como eram chamados os magos que vieram visitar Jesus.

Para o grande Padre e Erudito Católico Orígenes, a estrela que os magos viram seria, de fato, um cometa cuja forma fantástica com que apareceu no céu influencia, e não pouco, a imaginação humana até os dias de hoje. Não vamos olvidar que, na Antiguidade, os cometas eram considerados como aviso de grandes acontecimentos e calamidades.

O nascimento de Mitrídates, rei do Ponto, foi precedido pela aparição de um cometa. Embora as hipóteses naturais para explicar a estrela possuam alguma validade, a ideia que dela faz o texto evangélico é a de um fenômeno sobrenatural conforme se pode ver no comportamento daquele suposto astro.

- ✓ A estrelas se movem de Leste para Oeste, assim como os cometas, mas no caso da estrela dos magos, ela vai de Belém a Jerusalém, ou seja, do Norte para o Sul.
- ✓ Eles a viram no Oriente e ela logo desapareceu para lhe aparecer de novo um ano mais tarde. Na estrada para Belém ela vai à frente deles indicando o caminho.
- ✓ A estrela dos magos esteve com eles até que chegaram ao local onde estava a criança.

Todos esses comportamentos da estrela de Belém negam a possibilidade de ela ter sido um astro comum. Ainda há o fato de que uma estrela é um corpo muito maior do que um planeta e o tamanho diminuto com que a vimos deriva da distância onde se encontra. Aqui, porém, impõe-se uma pergunta: como os magos sabiam que aquela estrela seria o indicador do nascimento do rei dos judeus, ou, para ser mais exato, do Messias? Vamos tentar entender isso.

É sabido que os judeus estiveram cativos na Babilônia por cerca de 50 anos e que foram libertados pelo rei persa Ciro, o Grande. Assim, existe a possibilidade de que os persas, libertadores dos judeus, houvessem tomado conhecimento de ideias fundamentais aos israelitas como a do Messias. Talvez os magos, sendo persas e estudiosos dos problemas religiosos, olhassem com simpatia esta concepção judaica de um rei espiritual que instauraria um reino também espiritual. E não é de todo improvável que, sendo iniciados, soubessem do nascimento do

Cristo e que ele não seria exclusivo dos judeus, mas um guia e modelo para toda a humanidade.

Do ponto de vista espírita, poderia se admitir que a estrela fosse um caso de um fenômeno de efeitos físicos denominado fotismo. Vamos lembrar que o fotismo, ou fenômenos de efeitos luminosos, aconteceu com Moisés no Sinai em seu primeiro encontro com Iahweh, naquela oportunidade ele vê uma sarça que arde em fogo, mas não se consome; ora um fogo que arde sem consumir não pode ser um fogo comum, porém, muito provavelmente, uma luz muito forte.

No livro do Êxodo se diz que Iahweh na forma de uma coluna de nuvem durante o dia e como uma coluna de fogo durante a noite, guiava os judeus que deixavam o Egito. Assim, espíritos superiores convocados para a tarefa divina poderiam provocar este fenômeno em pequena ou grande escala. Poderiam, por exemplo, criar na frente dos magos uma luz muito intensa que eles tomaram por uma estrela.

9 JESUS TERIA, DE FATO, SE PERDIDO EM JERUSALÉM QUANDO ESTAVA COM DOZE ANOS?

Para responder a esta pergunta devemos antes fazer algumas considerações sobre o contexto em que o fato se deu. Foi na Páscoa, a grande festa religiosa dos judeus que comemora o fim da escravidão no Egito, quando, cada israelita, estivesse onde estivesse, deveria vir ao templo de Jerusalém. José e Maria eram judeus respeitadores da lei de Moisés e a Páscoa, para eles, era sagrada. Por isso, reuniram-se com alguns vizinhos e desceram para Jerusalém.

Na Páscoa, Jerusalém quase que duplicava a sua população de cerca de 20.000 pessoas. Judeus de diversas partes do mundo lotavam a cidade e tomavam os lugares nas estalagens, nas ruas ao lado do Templo e nas ruelas da cidade alta. Estendiam suas tendas em qualquer lugar onde houvesse espaço. Ali mesmo se alimentavam e rezavam a Deus. Ouvem os rabinos que, em voz alta, explicavam o significado da festa. O homem é o ser da Páscoa que é a ligação entre o Criador e a criatura. Outro rabino cantava um salmo que dizia: "Alegrei-me quando me disseram: 'Vamos à casa do Senhor'. Pararam nossos pés, por fim, às portas de Jerusalém".

Jesus caminhou por toda aquela confusão de gritos e vozes, preces e cantos misturado ao balir de ovelhas e berrar das cabras, ao tilintar das moedas dos cambistas, aos gritos dos vendedores de perfumes egípcios. Sempre caminhando, o menino chegou ao lugar onde um velho rabino ensinava às crianças sentadas sob seus pés. O homem falava da criação do mundo e da graça do senhor para com seu povo. Jesus assentou-se junto aos outros meninos para ouvi-lo. De repente, como se quisesse descansar o seu auditório que parecia pouco interessado, ele disse: "Vou lhes fazer uma pergunta. Vocês sabem por que Deus fez a mulher das costelas do homem?" Todos disseram que não sabiam. "Ele não faria a mulher da cabeça de Adão para que Ela não levantasse orgulhosa a própria cabeça; nem do olho para que ela não fosse curiosa demais; nem do ouvido para que ela não escutasse atrás da porta; nem da boca para que ela não fosse muito tagarela; nem da mão para que ela não se entregasse demais à prodigalidade; nem do pé para que ela não saísse muito de casa. Foi então que ele decidiu tirar a mulher de uma parte do corpo que ficasse escondida, para que ela fosse modesta."

Todos os meninos riram, menos Jesus que ficou muito sério e pensativo. O rabino percebendo a sua seriedade perguntou qual o motivo por que ele não ria. E Jesus respondeu que havia ficado triste ao ver um homem sábio desrespeitar uma das mais belas criações de Deus. O homem ficou surpreso com as palavras daquele menino e começou a estabelecer com ele um diálogo. No meio da conversa, muito admirado com a sabedoria do garoto, foi chamar outros rabinos e doutores da lei e lhes apresentou aquele fenômeno. Durante toda a tarde interrogaram o menino e o que foi mais incrível, aprenderam com ele!

Ao cair da noite, os doutores da lei avisaram ao Sumo Sacerdote sobre aquele menino e conseguiram que ele dormisse no Templo. Enquanto isto, Maria e José, ao voltar para casa dão pela falta do menino Jesus e decidem voltar a Jerusalém para encontrá-lo. Depois de muito procurá-lo, vão achá-lo entre os doutores em interminável colóquio. Maria repreende Jesus e ele diz ela: "Não sabíeis que eu estava cuidando das coisas de meu pai?"

Teria de fato acontecido tal coisa? Nada impede que acontecesse. Não era improvável que em uma cidade superlotada, em um dia de uma grande festa, os pais não perdessem seus filhos. Só que Jesus não havia se perdido. Ele estava em casa, pois estava na casa do Senhor cuidando das coisas dele. Ora, sendo Jesus um espírito evoluidíssimo, estava em condições desde menino de dizer e fazer coisas que não eram comuns aos meninos de sua idade e isso foi motivo para que os homens do Templo o tratassem com grande consideração. Talvez eles hajam inclusive pedido a José que deixasse Jesus com eles para educá-lo, mas José se negou, preferindo voltar com o filho para Nazaré.

10 ONDE JESUS ESTEVE ENTRE OS DOZE E OS TRINTA ANOS?

Os Evangelhos, depois deste episódio sobre Jesus menino em Jerusalém, silenciam por completo a respeito de Jesus, só voltando a falar dele no início de sua vida pública quando, segundo se supõe, estava com cerca de trinta anos. Por este espaço vazio, entram um grande número de hipóteses e de teses sobre os chamados anos obscuros de Jesus. Um desses autores, por nome Holger Kersten, escreveu um livro chamado *Jesus lived in India* ou *Jesus viveu na Índia*. Nesse livro, ele desenvolveu a tese de que Jesus passou dos doze aos trinta anos na Índia, onde foi iniciado no Budismo. Depois voltou a sua terra e pregou lá os ideais de Buda. Mais tarde, no Gólgota, escapou à morte e voltou para a Índia onde viveu até a velhice.

Há autores que defendem um outro ponto de vista segundo o qual Jesus passou esses dezoito anos no Egito, onde aprendeu magia com os sacerdotes de Heliópolis. Há ainda os que acreditam que Jesus viveu os anos obscuros com os essênios e isso explicaria as ideias essênicas que ele defendeu ao longo de sua pregação. Isso tudo, porém, possui um sabor de ficção. O mais razoável é se acreditar que Jesus viveu mesmo em Nazaré, trabalhando com seu pai na oficina de carpintaria. A se acreditar em Emmanuel em seu livro *A caminho da luz*, Jesus nada tinha a prender com qualquer mestre ou instituição terrena.

11 JESUS SE ALIMENTAVA E POSSUÍA TODAS AS NECESSIDADES FISIOLÓGICAS COMUNS AOS SERES HUMANOS?

Se partirmos do pressuposto de que Jesus fosse filho de Maria e José e possuísse um corpo de carne, a resposta é sim. A prova objetiva de que Jesus se alimentava encontra-se nos próprios Evangelhos. Ele compareceu às bodas de Caná onde por certo comeu e bebeu. Esteve em um banquete na casa de Simão e em um outro na casa de Mateus logo depois da conversão deste. Quando estava em Cafarnaum, na casa de Pedro, deveria fazer refeições normais, assim como na casa de Lázaro. Depois da ressurreição, em um encontro com os apóstolos, comeu peixe assado, alimento que ele deveria comer em sua vida cotidiana quando encarnado. Jesus também participava da ceia pascal, quando se comia pães ázimos, carne de carneiro e se bebia vinho.

Se Jesus comia, por certo, tinha a necessidade de eliminar os excessos não aproveitados pelo organismo. O interessante é que as pessoas, em geral, resistem a aceitar que Jesus tivesse as mesmas necessidade fisiológicas que todas as criaturas por considerar a urina e os excrementos como algo impuro e nojento, logo, um espírito puro como Jesus não poderia produzir dejetos.

Este é uma posição errada uma vez que defecar e urinar são fatos naturais e a repulsa a esta atividade é de natureza cultural. Entre as leis naturais se encontra a alimentação e, se esta existe, a sua eliminação é também uma necessidade natural. Se Jesus não eliminava o que comia, o que acontecia com o subproduto da alimentação? Não existe resposta a esta questão sem apelar para o maravilhoso ou para teorias estranhas, a não ser a eliminação natural. Cumpre agora que se faça uma outra pergunta: Se Jesus comia, o que ele deveria comer? Para responder esta pergunta, devemos examinar o tipo de alimentação em Israel no tempo de Jesus.

Os cereais

Os cereais constituíam o alimento básico dos judeus da Palestina bíblica. Assim, não é de se estranhar que a expressão hebraica para se comer, signifique literalmente comer pão. Na oração dominical, encontramos a expressão "O Pão Nosso de cada dia" no sentido de alimentação diária. Dentre os cereais, porém, destacavam-se a cevada e o trigo. Outros cereais que aparecem nos textos bíblicos eram: o painço e a espelta, um tipo de trigo citado no Livro dos Juízes (VII:28); no Livro de Isaías (XXVIII:25); no Livro de Ezequiel (IV:9) e no Livro de Jó (VI:19-13). Em nenhuma casa judaica deveria faltar pão, inclusive na casa de José, o carpinteiro em Nazaré. O pão, por certo, foi um dos primeiros alimentos que Jesus comeu.

A farinha de trigo era usada para fazer pão e também uma espécie de papa ou mingau que era muito nutritivo. Os grãos de trigo eram tostados e comidos de dois modos: segurando as espigas sobre o fogo ou tostados em uma panela. No Livro de Rute (II:14) e, no Livro de Isaías (XVII:8) temos exemplos destas práticas. Dois também eram os modos de fazer o pão: assando-se a massa sobre pedras quentes ou no interior de um forno. Normalmente se usava o levedo ou o fermento para fazer a massa crescer, embora houvesse pães que eram assados sem fermento em uma panela, em uma frigideira ou em uma assadeira funda untada com óleo e, mais raramente, com azeite.

As hortaliças

Na alimentação judaica descrita na *Bíblia* era comum o uso de feijão e lentilhas que eram servidos cozidos. É muito conhecida a passagem em que Jacó prepara um prato de lentilhas para seu irmão, Esaú, que troca o seu direito à primogenitura por esta refeição (*Gn.*, XXV:31). Algumas vezes, costumava-se acrescentar carne a esse cozido. Não era raro também produzir-se farinha com favas ou com uma mistura de cereais como se pode ver no livro de Ezequiel (IX:9). O pepino era, frequentemente, utilizado como um alimento refrescante, quando a água era escassa ou muito ruim, o pepino poderia substituí-la, sendo comido cru, salgado ou então recheado de carne e cozido. No *Livro de números*, os israelitas que marcham pelo deserto liderados por Moisés sentem saudades do alho-porró, das cebolas e dos pepinos que comiam no Egito.

As frutas

A azeitona era um produto bastante consumido na Palestina dos tempos de Jesus. A oliveira deve levar muito tempo para frutificar, mas a sua longevidade compensa este espaço de tempo. As azeitonas eram comidas mais ou menos como as comemos hoje. Depois de curtidas e em salmoura. Forneciam também um óleo muito apreciado pelos judeus, como se pode ver no Segundo Livro de Isaías (XX:6). Como alimento, o azeite aparece nas seguintes passagens: Êxodo, XXIX:12; Levítico, II:15 e VI:15; Primeiro Livro dos Reis, XVII:12 e Ezequiel, XVI:13. O azeite também era usado para combustível das lâmpadas, como se pode ver em Êxodo, XXVII:20; Levítico, XXIV:2 e Mateus, XXV:3. Para ungir encontramos nas seguintes passagens: Êxodo, XXIX:7; XXX:25; XXXVII:29; Samuel, X:1 e Salmos, XIII:133:2.

Uma árvore muito apreciada em Israel, desde os mais remotos tempos, era a figueira. Adão e Eva, depois do pecado, para se esconderem da ira divina, se cobrem com as folhas desta árvore. Os figos serôdios eram secos ao sol e prensados para se fazer uma torta muito apreciada. Em virtude de sua capacidade terapêutica o figo era também utilizado como cataplasma. Além da figueira comum havia também uma árvore chamada sicômoro que produzia figos comestíveis. Outros frutos que os judeus também consumiam eram: a romã, a tâmara e a maçã. Entre as nozes, a *Bíblia* registra as amêndoas e as nozes de pistácia.

A uva era o alimento mais encontrado na Palestina. Quando os israelitas vieram para a terra de Canaã, Iahweh ordenou a Moisés que escolhesse alguns homens de sua confiança para fazer uma inspeção à Terra Prometida. Moisés assim o fez e esses homens, quando voltaram com as informações desejadas trouxeram, de um vale chamado Escol, um ramo de videira com um cachos de uvas tão grandes que tiveram que transportá-lo em um varal apoiado nas costas de dois homens. (*Nm.*, XIII:23.)

As uvas eram consumidas *in natura*, como passas, ou prensadas na forma de torta. A folha da parreira também era aproveitada; as mais novas para o consumo humano e, as mais velhas, para o alimento de animais como: as ovelhas e os cabritos. Por fim, não podemos nos esquecer do vinho que ocupa um lugar de destaque nas páginas das Escrituras. Em *Gênesis* (XVIII:24-38), as filhas de Lot embebedam, com vinho, Noé, seu próprio pai, para deitarem-se com ele e conceber filhos. O que de fato aconteceu. Uma outra passagem em que o vinho ocupa um lugar destacado é o das Bodas de Caná quando Jesus transformou água em vinho. Na última ceia havia vinho, pois Jesus, usando uma metáfora, diz, tomando o pão: "Comei, este é meu corpo"; e tomando o vinho: "Bebei, este é o meu sangue".

A produção de vinho era uma das principais utilidades das uvas. A vindima era feita no Outono, pois em uma estação mais quente o vinho não ficava livre de fermentação. Entre a vindima e o tempo da Páscoa passavam-se vários meses. No tempo da Páscoa e nas festas de casamento eram consumidas grandes quantidade de vinho pelas famílias judias. O vinagre de vinho, puro ou misturado com temperos ou sucos, era usado para melhorar o gosto dos alimentos. Além do vinho, ainda se bebia, na Palestina do tempo de Jesus, uma cerveja feita com trigo e um refresco de suco de romã.

As vagens e as alfarrobeiras eram dadas a animais, contudo, era possível que, em épocas de escassez e fome, os seres humanos comessem tais coisas. Na parábola do Filho Pródigo (*Lc.*, XV:16) o jovem estroina, premido pela fome, tem vontade de comer, com os porcos, restos da alfarrobeira.

Especiarias e mel

As especiarias ou condimentos mais usados em Israel para temperar alimentos eram: a hortelã, o endro, o cominho, a arruda e as folhas de mostarda. O sal era o principal tempero, possuindo também propriedades preservativas dos alimentos. Em uma de suas mais belas metáforas, disse Jesus: "Vós sois o sal da terra e, se o sal se tornar insípido, com que se há de salgar". Textos extrabíblicos fazem referências à pimenta e à alcaparra, que era usada como aperitivo. O mel era considerado um excelente alimento como se pode comprovar no *Primeiro livro de Samuel.* O Evangelista Mateus nos diz que João Batista se alimentava de gafanhotos e mel silvestre.

A carne

No *Livro do Gênesis* (*Gn.*, IX:1-7) narra-se o que aconteceu depois do dilúvio. Nessa passagem diz o narrador Iahweh abençoou Noé e sua família e lhes disse que poderiam comer da carne de todos os animais da terra, mas o sangue não deve ser comido. Mais tarde, no *Pentateuco*, alguns animais considerados como impuros serão interditados como alimentos. A lista desses animais considerados impuros encontra-se no Levítico (XI) e no Deuteronômio (XIV).

As pessoas comuns não costumavam comer muita carne, porém, ocasionalmente, poderia ser abatido um cabrito ou um carneiro para o sacrifício e parte da carne seria consumida pela família. Quando acontecia um banquete na casa de um abastado ou quando se recebe em casa um hóspede ilustre como se pode ler no Levítico (III:6, 7, 12); no Segundo livro de Samuel (XII:14) e no *Evangelho de Lucas* (*Lc.*, XV:29, 30) poderiam ser abatidos animais para o consumo. Comia-se também a carne de alguns animais de caça como o veado, a gazela, a corça, o cabrito montês, o antílope, o touro selvagem e a camurça. A carne era consumida assada. Era terminantemente proibida a ingestão do sangue e das gorduras.

As aves também eram usadas como uma forma de alimento. Vamos lembrar que, no deserto, depois de o povo ter deixado o Egito, Iahweh enviou-lhe como alimento uma grande quantidade de codornizes (*Nm.*, XI:31-33). Eram consideradas aves puras, *kosher*, como se diz em hebraico, eram: os pombos, as rolas, as perdizes, os pardais, como as aves em geral não eram impuras, também não o eram seus ovos.

Um outro alimento dos judeus, embora estranho aos nossos hábitos alimentares, eram os gafanhotos. A palavra gafanhoto se diz em hebraico *arbeh* e em grego *akris*. Segundo os Evangelhos este inseto era o alimento predileto de João Batista que os comia lambuzados em mel silvestre. Em algumas tribos árabes, ainda em nossos dias, esses insetos são comidos. Nessas comunidades, pega-se o gafanhoto, retira-se-lhe a cabeça, cobre-se-lhe o corpo com farinha grossa e frita-se em azeite ou manteiga.

Um outro alimento muito comum aos judeus do tempo de Jesus era o peixe que poderia ser pescado no Mar da Galileia ou no lago de Genesaré. Alguns apóstolos de Jesus: Pedro, André, João e Tiago eram pescadores. Jesus deveria alimentar-se com peixe, pois, na sua volta ao convívio dos apóstolos, para provar que não havia morrido e que não era um fantasma, ele pede peixe assado e come com seus amigos.

Secar os peixes e levá-los consigo durante uma viagem mais ou menos longa era um hábito comum aos judeus. No milagre da multiplicação dos pães e dos peixes (*Mt.*, XV:34 e *Mc.*, VI:36); muito provavelmente, os peixes eram secos, uma vez que os peixes estavam prontos para serem consumidos. Um dos portões de Jerusalém se chamava Porta dos Peixes, o que indica que ali, ou nas proximidades, havia um mercado de peixe. Nos dias de Neemias, os habitantes de Tiro comerciavam peixes em Jerusalém.

Laticínios e bebidas

O leite e os seus derivados eram tão importantes como os outros alimentos. Eram consumidos leite de vaca, cabra e de ovelhas. Conforme o Livro dos Juízes (*Jz.*, IV:19) o leite era armazenado em odres. A palavra hebraica *hhem — 'ah* significa tanto manteiga como leite coalhado. O queijo era também um alimento muito apreciado. Ao lado da antiga Jerusalém, ficava o Tiropeion ou Vale dos queijeiros, o que revela, claramente, a importância deste produto.

12 COMO SE VESTIA JESUS?

Estamos acostumados a ver Jesus sendo representado com uma túnica, segundo alguns inconsútil, ou seja, sem costura, um longo manto de cor azul e sandálias de taliscas. Vamos traçar então algumas considerações sobre o modo de vestir dos judeus do tempo do Cristo para saber até que ponto devemos considerar corretas estas imagens tradicionais.

As roupas íntimas

É muito provável que tenha existido uma peça de roupa íntima na forma de uma tanga antiga ou calções, bem apertados, porque entre os judeus era vergonhoso expor o copo nu. Na maioria das imagens de Jesus Crucificado, ele não está nu, mas vestido com uma peça como a que acabamos de descrever. Em Israel exigia-se que o sacerdote usassem calções de linho, chamados em hebraico de *mikhnayin*, para impedir a exibição de suas partes pudendas quando estivesse oficiando no altar. Os sacerdote gentios (não judeus), às vezes oficiavam nus, o que era repugnante para um judeu. Em Êxodo se lê a seguinte recomendação: fazei para eles (sacerdotes) calções de linho para cobrirem a carne nua, deverão cobrir desde o lombo até as coxas (*Êx.*, XXVIII:42).

Havia também uma roupa de baixo chamada *asdhin* que era usada tanto pelos homens como pelas mulheres. Não se sabe muito bem como era esta roupa, entretanto, alguns estudiosos acreditam que fosse um pano que se passava envolta do corpo. Os pedreiros, lavradores, carpinteiros, pescadores, madeireiros, enfim, as pessoas que faziam trabalhos braçais costumavam, no seu trabalho diário, vestir-se apenas com esta roupa. Era semelhante a um camisolão indo até aos joelhos e sem faixa na cintura. Era feita de lã ou de linho.

Um terceiro tipo de roupa de baixo dos judeus era o *kutoneth* que se assemelhava ou mesmo correspondia ao *kiton* usado pelos gregos. Tratava-se de uma túnica parecida com um camisão, com mangas compridas ou curtas que chegava até aos joelhos e mesmo até aos tornozelos. Era uma veste para se usar na intimidade do lar. Poderia ser branca, cor mais comum ou de cores variadas. Podia ser feita de linho ou de lã e as mulheres também poderiam usá-las. Podia-se também colocar sobre *kutoneth* uma faixa. As roupas íntimas de Jesus sobre as quais os soldados romanos jogaram dados eram deste tipo.

Roupas exteriores

A primeira dessas roupas era o *me'il*, uma túnica sem mangas quase sempre aberta na frente que se usava sobre o *kutoneth*. Era a vestimenta própria dos sacerdotes e, neste caso, era feita de linho. Nas Escrituras certos personagens como Samuel, Saul, Davi e Jó, são apresentados usando este tipo de roupa. Há, ainda, uma outra veste chamada *salmâh* que, provavelmente, também seria uma veste exterior.

Mais um tipo de veste exterior era a *stolé*, uma imponente veste comprida que chegava até os pés. Jesus censurou os escribas e fariseus pela preferência por este tipo de roupa. Foi com esta espécie de roupa que o pai do filho pródigo cobriu o jovem desviado quando este voltou para casa. Os martirizados servos de Deus na visão de João Evangelista em Patmos também usam a *stolé*.

Vejamos em seguida uma veste que, em grego, se chama *sthés*, um manto adornado de maneira esplêndida. Nos Evangelhos, os anjos aparecem usando essas roupas, pois elas são símbolos de uma grandeza espiritual (ou mesmo material) considerável. Quando Jesus, depois de açoitado por ordem de Pilatos, os verdugos puseram em seus ombros, por zombaria, um manto vermelho chamado *khalamys*. Este era, muito provavelmente, restos de um manto comprido usado por reis, magistrados e oficiais do Exército romano.

Por fim, ainda falta falar do *sim-lâh* uma capa que poderia ser feita de linho, lã ou de pele de cabra. Era esta capa que os judeus rasgavam quando queriam expressar um grande pesar ou quando ouvissem uma blasfêmia. Parece que era um grande pano retangular que cobria todo o peito. No caso de mau tempo o *sim-lâh* poderia ser usado como abrigo, contra o fio ou a chuva, envolvendo todo o corpo.

13 JESUS SABIA LER E ESCREVER E SABENDO ESCREVER POR QUE NADA ESCREVEU?

Inicialmente, vamos tentar responder a primeira questão. Para tanto, teremos que dar uma olhadela, mais uma vez, na cultura judaica do tempo de Jesus. O templo era o centro religioso de Israel, entretanto, além dele, os judeus também possuíam, dentro e fora de Israel, unidades religiosas chamadas Sinagogas, palavra que significa "assembleia". As sinagogas eram os lugares onde se poderia orar e ouvir a palavra de Deus. Em uma antiga sinagoga estava escrito que ali se lia a lei e se aprendiam os preceitos. Segundo a tradição de Israel, uma sinagoga poderia ser usada: para a leitura da lei escrita ou torá; para a transmissão da lei oral, isto é, dos comentários sobre a lei feita pelos rabinos; para o estudo e pesquisa da lei, seu desenvolvimento e aplicação no dia a dia de cada judeu. Por este motivo era também chamada de *Bêt hammidrash*, que significa "A Casa da Pesquisa".

Havia em Nazaré uma sinagoga e esta sinagoga que Jesus deveria frequentar. Ali, ele lia a lei e os textos dos profetas. Quanto ao seu aprendizado de leitura e escrita, por certo, aprendeu com seu pai, pois os *teknon* (carpinteiros ou marceneiros) não eram homens ignaros, uma vez que tinham de saber aritmética, ter noções de pesos e medidas indispensáveis ao seu trabalho e, por isso deveriam saber ler. Para José, entretanto, não foi difícil ensinar o filho superdotado a ler e escrever.

Vamos ver, porém, com mais detalhes o que se lia e como se lia em uma sinagoga. Nesses locais de oração e estudo, liam-se as *parashoth* ou passagens da lei de Moisés. No tempo de Jesus o ciclo de leitura ainda não estava fixado e o que existia era apenas uma divisão provisória de um ciclo anual e outra em ciclo trienal. As sinagogas possuíam o *sefer hat-toráh* que se traduz por "rolo ou livros da lei". Estes rolos de papiro ou de couro de carneiro era guardados em uma arca considerada santa e que se chamava *Aron qodesh*. Nas sessões públicas das sinagogas a arca santa era colocada em um lugar sagrado chamado *bimah*. Então, um dos presentes tomava o rolo e lia o seu conteúdo em voz alta. Caso houvesse erros na leitura, o leitor era substituído por outro.

A leitura era feita em hebraico, o idioma sagrado, ou em língua corrente, por este motivo, havia um tradutor que vertia a leitura do hebraico para o aramaico, que era a língua corrente, uma vez que nem todos conheciam o hebraico. O tradutor deveria respeitar certas regras como não pular a tradução e sim traduzir cada trecho lido, algo próximo do que se chama hoje de tradução simultânea. Normalmente o leitor e o tradutor eram a mesma pessoa. Na Sinagoga de Nazaré, Jesus toma um dos rolos para ler, o que comprova que ele dominava as duas línguas (hebreu e aramaico). Vamos conhecer esta passagem:

> Então voltou Jesus para a Galileia no poder do Espírito e a sua fama correu por toda a circunvizinhança. Ensinava nas sinagogas e por todos era louvado. Chegando a Nazaré, onde fora criado, entrou na sinagoga em um dia de sábado, segundo o seu costume e levantou-se para ler. Foi-lhe entregue o livro do profeta Isaías, e abrindo-o achou o lugar onde estava escrito: O Espírito do Senhor está sobre mim porquanto me ungiu para anunciar a boa-nova aos pobres; enviou-me para proclamar a libertação dos cativos e a restauração da vista aos cegos, para por em liberdade os oprimidos. (*Lc.*, IV:14-19).

Se Jesus sabia ler, por certo também sabia escrever, uma vez que estas duas formas de comunicação são aprendidas ao mesmo tempo. Uma passagem de João, conhecida como o episódio da mulher adúltera, em que os fariseus, arrastando uma mulher pelos cabelos, abordam o Mestre no momento em que ele escrevia no chão com o dedo. (*Jo.*, VIII:6.)

Examinemos, em continuidade, a segunda questão: se Jesus sabia escrever por que não escreveu as suas ideias? Parece que esses grandes espíritos como Jesus e Sócrates acreditava que o mais importante era escrever na alma dos ouvintes e não no papel para futuros leitores. Na Antiguidade as pessoas em geral possuíam excelente memória, capaz de guardar trechos muito longos aprendidos oralmente. A *Ilíada* e a *Odisseia* de Homero, por exemplo, passaram séculos sem serem escritas, sendo transmitidas pela oralidade.

Um outro argumento pertinente ao caso é o seguinte: Imagine se tivéssemos um texto de Jesus do próprio punho deste e esse texto sofresse interpolações, desvios de sentido, interpretações do copista interessado em divulgar seus pontos de vistas, erros ortográficos e assim por diante e tudo isso sob a chancela e autoridade do próprio Jesus. Poderemos contra-argumentar dizendo que aconteceu o mesmo com os discursos não escritos. É verdade, entretanto, os Evangelhos são tidos como palavras dos evangelistas: Mateus, Marcos Lucas e João e mesmo não há garantias de que tenham sido escritos por estes personagens, mas segundo o que eles ensinavam. Isso diminui a autoridade deles e nos possibilita tirar o espírito da letra como nos lembra Paulo, ao passo que se fossem escritos por Jesus teríamos que aceitar sem crítica o que está escrito.

Vamos lembrar que a *Bíblia*, que é tida como a palavra do próprio Deus que a escreveu através de seus colaboradores, causou situações terríveis na história da igreja, como a perseguição aos sábios e cientistas, a matança da feiticeiras e a intolerância religiosa que causou inclusive guerras. Tudo isto porque as pessoas aceitavam que nenhum ser humano teria condições de ir contra a palavra de Deus e por isso negavam até mesmo os fatos mais evidentes.

14 QUAL SERIA A APARÊNCIA FÍSICA DE JESUS?

Fomos acostumados com uma imagem de Jesus que no-lo apresenta como um homem branco, cabelos escuros e partidos ao meio, olhos claros e calmos, nariz grego, boca bem cortada, barba cerrada e bigodes. Há também as imagens do Cristo doloroso ou o Cristo Crucificado em que permanecem os traços nobres, mas misturados com expressões dolorosas próprias das circunstâncias.

Infelizmente os cristão primitivos não se incomodaram em deixar para a posteridade um retrato de Jesus, talvez porque, sendo judeus, esses cristãos estivessem proibidos de representar por qualquer meio figuras humanas. Lucas era pintor e gentio (não judeu), mas não conheceu Jesus. Dizem que ele teria feito um retrato de Maria de Nazaré. Assim, para se saber algo sobre como Jesus era fisicamente, temos de nos valer de informações muito escassas e, nem sempre, dignas de confiança colhidas nas tradições neotestamentárias.

Por incrível que isso possa parecer ao nosso leitor, a informação mais antiga que possuímos sobre a aparência física de Jesus diz que ele era feio, sem qualquer traço ou brilho de beleza. Este ponto de vista se encontra apoiado em uma passagem do profeta Isaías em que o Servido de Iahweh, o Messias, está descrito assim: "Não possuía beleza nem esplendor que pudesse atrair o nosso olhar, nem formosura capaz de nos deleitar" (*Is.*, LIII:2-3). O raciocínio é simples: se Jesus é o Messias e o Messias é feio, logo Jesus é feio.

Foi esta passagem de Isaías que, muito provavelmente, encorajou Justino, em seus *Diálogos*, a dizer que Jesus apareceu sem beleza e sem honra, tal como nos dizem Isaías e todas as Escrituras. Irineu, bispo de Lion (1140-202), possui opinião idêntica a de Justino (100-165). Clemente de Alexandria (145-215), para incentivar os seus ouvintes a cultivar a beleza interior e não a exterior, afirma que Jesus era feio, segundo a carne e esta afirmação aparece mais de uma vez ao longo de sua obra. Orígenes (185-253) em sua obra *Contra Celso* nos diz que Jesus era pequeno e sem graça e insignificante.

Havia, entretanto, um problema: na religião clássica (ou greco-romana), os deuses eram muito semelhantes aos homens (antropomorfismo), porém, mais belos, mais fortes, como se o seu aspecto físico estivesse em consonância com o seu status divino. Em Homero quando se quer falar da beleza de Aquiles se diz: Aquiles é semelhante a um deus. Por isso, muitos dos primeiros padres (os apologistas) tentaram modificar a concepção de feiura do Cristo. Para isso, portanto, tinham de partir das Escrituras e não inventar teorias próprias. Assim, pesquisando os livros sagrados encontraram o seguinte salmo messiânico: É o mais belo dentre os filhos dos homens e a graça derramava de seus lábios (*Sl.*, XIV:3). A partir deste momento tem início uma polêmica entre os que afirmavam a feiura do Messias e os que lhe defendiam a beleza. Era a favor da tese da beleza: Gregório Nazianzo (329-390); João Crisóstomo (344-407); Ambrósio (340-397); Agostino (354-415); Jerônimo (331-430) e todas as obras iconográficas dos primeiros séculos.

Bem mais tarde, surgiu um texto que pretendia ser a descrição detalhada da figura de Jesus, escrito por um pretenso governador da Judeia de sobrenome Lentulo. Este texto que ficou conhecido como a carta de Lentulo, assim descrevia Jesus:

> Apareceu aqui, em nossos dias, e continua vivendo, um homem de grande poder. Jesus Cristo é o seu nome. O povo o chama de profeta da verdade e os discípulos, filho de Deus. Ressuscita os mortos e cura enfermidades. Sua estatura é mediana, mas bem proporcionada. Seu rosto é venerável a ponto de aqueles que o fitam poderem temê-lo ou amá-lo. Seus cabelos são da cor de avelã madura, lisos e caem quase até as orelhas, mas da orelha para baixo são ondulados e anelados com um ligeiro reflexo azulado e vivo e flutuam sobre seus ombros. Estão partidos no meio certo do modo como fazem os nazarenos.
>
> Sua testa é lisa e muito serena e o seu rosto, que não tem ruga nem imperfeição alguma, é embelezado por um tom ligeiramente avermelhado. Seu nariz e sua boca não possuem defeitos. Sua barba é

> abundante e intacta, da mesma cor dos cabelos e dividida no queixo. Sua fisionomia reflete a simplicidade e a maturidade, seus olhos são vivos e brilhantes. É alegre sem deixar de ser grave. Jamais o viram sorrir, mas, muitas vezes, chorar. Seu corpo é direito e esbelto, suas mãos e seus braços atraem os olhares pela formosura. Sua conversa é grave, rara e modesta. É o mais belo dentre os filhos do homem.

De fato. É uma bela descrição, entretanto, parece falsa, principalmente se feita por um romano não cristão. Lendo-a percebemos que muitos retratos modernos de Jesus têm muito desta descrição. Não se sabe exatamente a data desse documento, entretanto, é quase certo que este testemunho não fosse conhecido antes do século XV.

Assim, na impossibilidade de se saber como era Jesus Cristo fisicamente, temos duas opções: considerar irrelevante a aparência física de Jesus ou construir uma imagem dele em nosso coração, imagem nascida da nossa sensibilidade, ou seja, do modo como Jesus nos parece.

15 JESUS ERA O MESSIAS?

Vamos começar esta resposta com algumas breves considerações sobre a palavra Messias. Esta palavra deriva do aramaico *Meshia* que corresponde ao hebraico *hammassihah*. Ela foi usada no sentido de ungido, *Christos* em grego. O termo se aplicava a qualquer pessoa que fosse ungida com santos óleos. Este título foi aplicado aos patriarcas: Abraão, Isaac e Jacó; a Ciro, rei dos persas, que libertou os judeus do cativeiro da Babilônia. Depois que o espírito do Sinai, Iahweh, prometeu a Davi que o trono e o cetro (símbolos da realeza e do poder) permaneceriam em sua família, para sempre (Segundo Livro de Samuel, VII): a palavra Messias adquiriu um novo sentido e passou a estar associada aos descendentes da Casa de Davi.

Mais tarde, diversas profecias, as chamadas profecias messiânicas, começaram a anunciar que o Senhor Deus mandaria a Israel, no tempo preciso, um libertador que existia com ele desde a Eternidade e este enviado chamar-se-ia O Príncipe da Paz, O Filho de Davi, O Filho de Deus; este seria único que teria a honra de ser chamado de O Messias. Com a sua chegada, iniciar-se-ia, na Terra, uma nova era de paz, amor, fartura e felicidade. Os judeus, cuja história era marcada pela dor e pela humilhação, esperavam a chegada deste Rei da Glória para libertar Israel do atroz sofrimento de que era vítima; por isso, os judeus, em sua maioria, esperavam um messias militar, um guerreiro que vencesse com seu poder os inimigos de Israel.

Jesus não encarnava esse ideal messiânico. A sua pregação, que incluía inclusive o amor aos inimigos e o perdão às ofensas por mais graves que fossem, e por fim, a sua morte inglória e desonrosa no Calvário, parecia comprovar a necessidade de se esperar um outro Messias e até hoje ainda o esperam.

Há, entretanto, que se considerar que o *Evangelho de Lucas* deixa muito claro que Jesus é o Messias de Deus. Na passagem alusiva à Anunciação, o espírito identificado como o anjo Gabriel diz à Maria de Nazaré de maneira clara e insofismável: "Eis que conceberá no teu seio um filho e tu o chamarás com o nome de Jesus. Ele será grande e será chamado O Filho do Altíssimo, e o Senhor Deus há de lhe dar o trono de Davi, seu pai; ele reinará na casa de Jacó e o seu reino não terá fim".

Jesus, entretanto, muito poucas vezes referiu-se diretamente à sua condição messiânica, embora algumas vezes tenha sugerido isto. Uma, porém, é a passagem em que ele revela, sem rodeios, ser o enviado de Deus. Refiro-me a uma passagem que se encontra no *Evangelho de João*. Nesta passagem,Jesus tem um longo diálogo com uma mulher samaritana. A mulher da Samaria, encantada com a autoridade que emanava do Nazareno, diz: "Eu sei que há de vir o Messias, chamado de O Cristo, quando ele vier anunciará todas as coisas." Jesus, ouvindo essas palavras, fala a ela taxativo: "Eu sou o Messias. Eu que falo contigo."

Penso que Jesus não poderia ser mais claro sobre a sua missão na Terra do que foi com essas palavras à samaritana. É pena que o povo judeu continue negando essas evidências.

Felizmente somos espíritos imortais e, um dia, veremos todas as nações do mundo compreenderem que Jesus é o nosso irmão maior, guia e modelo para toda humanidade. Então, todos saberemos que ele veio ao mundo enviado pelo Pai para aquele que nele cresse e praticasse os seus ensinamentos, alcançasse os Mundos Maiores, as Esferas Crísticas onde habitam os Guerreiros da Luz, aqueles que, vencendo as más inclinações, já podem dizer como Jesus: "Eu e o Pai somos um" ou como o Apóstolo dos Gentios: "Já não sou mais eu quem vive, é Cristo que vive em mim."

16 QUE LÍNGUA JESUS FALAVA?

Nem todos os estudiosos estão de acordo a respeito da questão sobre a língua que Jesus falava. Escrevendo sobre este assunto, anota o professor G. Ernest Wright:

> Podia-se ouvir, sem dúvida alguma, diversas línguas nas ruas das grandes cidades da Palestina. O grego e o aramaico eram, evidentemente, as línguas comuns e a maioria das populações urbanas podia, provavelmente, entender ambas, mesmo em cidades modernas ou ocidentais como: Cesareia e Samaria, onde o grego era mais comum [...] Poder-se-ia ouvir soldados romanos conversando em latim, ao passo que judeus ortodoxos poderiam falar, entre si, uma variedade posterior do hebraico, língua que sabemos ser nem o hebraico clássico nem o aramaico, apesar de sua semelhança com ambos.

Tem-se discutido muito qual era a língua falada por Jesus. Não temos meios seguros de saber se ele falava grego ou latim, entretanto, temos certeza de que, em seu ensino público, deveria falar o aramaico ou o hebreu popular altamente aramaizado. Quando Paulo falou a uma turba do Templo, dizem que ele falou em hebraico (*At.*, XXI:40). Os peritos, em geral, consideram isto como significando aramaico, mas é possível que um hebraico popular fosse a língua comum entre os judeus.[2]

Não é fora de sentido que Jesus e Pedro, ambos galileus de nascimento, às vezes falassem o dialeto aramaico, usado na Galileia. No *Evangelho de Mateus*, quando Jesus foi preso (*Mt.*, XXVI:73) uma criada acusa Pedro de ser Galileu em razão de seu sotaque. Provavelmente a criada tivesse identificado Pedro por este ter usado o aramaico Galileu.

Há uma passagem de Lucas (*Lc.*, IV:16-21) em que Jesus, indo a sinagoga, leu um texto de Isaías escrito em hebraico e, como já vimos antes, ele mesmo teria traduzido para o aramaico, a fim de que seus ouvintes compreendessem o que ele lia. Este texto prova duas coisas: primeiro que o hebraico clássico ou literário já não era compreendido por todos os judeus e, em segundo lugar, que Jesus falava essas duas línguas.

O professor Harris Birkeland em seu livro *The language of Jesus* (*A língua de Jesus*) publicado em Oslo, Noruega, em 1954, argumenta que o fato de o aramaico ser a língua escrita na Palestina, não significava que esse idioma fosse usado pela massa. O fato de os papiros de Elefantina, no Egito, terem sido escritos em aramaico prova que esta era a língua nacional na sua pátria; em verdade, porém, o aramaico era a língua literária internacional. Jesus usou palavras do aramaico em suas pregações, todavia, segundo Birkeland, o mestre falasse o hebraico popular, usando ocasionalmente algum aramaísmo ou o dialeto aramaico.

---

2 *Wright biblical arqueology*, 1963.

Não se pode, entretanto, descartar a hipótese de que Jesus falasse grego - koiné e muito bem, uma vez que esta era uma língua bastante usada na região onde ele viveu. Ele esteve em regiões como Decápole e Fenícia, onde o grego era o idioma corrente. Em Marcos (VII:26), Jesus mantém um diálogo com uma mulher siro-fenícia e esta conversa não deve ter sido nem em hebraico nem em aramaico, mas em grego. Diante de Pilatos, depois de sua prisão, Jesus tem um colóquio com Poncius Pilatos. Neste diálogo, Jesus não precisou de intérpretes, portanto deve ter falado em grego ou em latim.

Quanto ao latim, embora pudesse falá-lo bem, Jesus não o usou com frequência, uma vez não era uma língua de comunicação na Palestina. Nas conversas com naturais de Roma, como Pilatos e o centurião cujo servo ele curou, deve ter falado em latim

17 JESUS ERA DEUS?

A Religião Católica através do dogma da Santíssima Trindade identifica Jesus como Deus Filho e não filho de Deus que, segundo credo, está no céu sentado ao lado direito de Deus Pai Todo-poderoso. Este, porém, é um grande equívoco porque Jesus não é Deus. E quem disse que Jesus não é Deus? Ele mesmo. Ao longo dos quatro Evangelhos canônicos, Jesus faz questão de separar com grande clareza a sua personalidade da personalidade divina, a quem ele chama de Pai. Deste modo, Jesus se considera filho de Deus e não Deus e, portanto, é nosso irmão, pois nós também somos filhos de Deus.

A primeira fala de Jesus sobre esta questão encontra-se no Episódio de Jerusalém, registrado por Lucas, que já vimos em um outro momento. Repreendido por Maria, Jesus diz que estava cuidando as coisas do Pai (e não das próprias coisas). Assim existe o Pai que possui, na Terra, certos interesses dos quais o filho deve cuidar.

Uma segunda fala, que se encontra nos sinóticos (*Mt.*, X:16; *Mc.*, XVII:31; *Lc.*, XVIII:18-30). Nesta passagem, segundo o *Evangelho de Marcos*, um jovem muito rico se aproxima de Jesus e lhe diz: "Bom Mestre, que hei de fazer para herdar a vida eterna?" Jesus não responde logo, antes faz uma observação: "Por que me chamas bom? Ninguém é bom senão um que é Deus."

Esta passagem é também muito clara. Uma pessoa chama Jesus de Bom e ele diz que não é bom e que bom é apenas Deus. Ora, se ele fosse Deus, não teria sentido dizer isto, ou ele confirmaria que era bom ou nada diria, mas a ressalva que ele faz serve mais uma vez para que ele confirme que Deus é um ser superior a ele.

Na oração Pai-Nosso, ele usa o pronome possessivo da primeira pessoa do plural, "nosso" e não "meu" pai. Ao dizer pai nosso, ele está nos dizendo que todos nós, inclusive ele, somos filhos de Deus. Além disto, não teria o menor sentido que ele rezasse para si mesmo, sendo a um só tempo aquele que pede e aquele que concede o pedido.

No *Evangelho de Lucas*, Jesus está no Getsêmani orando ao Pai e, em um momento de profunda angústia ele diz: "Pai, se queres, afasta de mim este cálice; todavia não se faça a minha vontade, senão a tua". (*Lc.*, XXII:42.) Aqui existem duas vontades: a vontade do Cristo que deseja ter o cálice afastado e a vontade de Deus que deseja que ele passe pelo sacrifício maior. Jesus se curva à vontade do Pai. Ora, se ele fosse Deus, não poderia haver tal conflito. E o mais interessante é que, nesta mesma passagem, aparece um anjo que conforta Jesus. Ora, como pode um anjo, por maior que fosse, confortar Deus? E isto aceitando que Deus necessite de conforto e possa sofrer a este ponto.

No momento final, conta Lucas que Jesus, clamando com grande voz, teria dito: "Pai, em tuas mãos entrego o meu espírito". Ora, o verbo entregar é chamado transitivo relativo ou bitransitivo, pedindo, ao mesmo tempo, dois objetos: um direto e outro indireto. Quem entrega, entrega alguma coisa a alguém. O que entrega não pode ser o mesmo que recebe. Ora, se Jesus entrega sua alma a Deus, não podem ser a mesma pessoa. Logo, Jesus não pode ser Deus.

Algumas passagens dos Evangelhos parecem confirmar a tese da divindade de Jesus, mas apenas parece. A primeira destas frases está no prólogo do *Evangelho segundo João* e diz o seguinte: "No princípio era o verbo e o verbo estava com Deus e o verbo era Deus". A palavra grega para verbo é *Logos* que, na linguagem dos gnósticos, como dos filósofos neoplatônicos, não significa Deus. Para Philon de Alexandria, o Logos seria um ente intermediário entre Deus e o mundo. Ora Jesus é de fato este intermediário, uma vez que foi ele que, sob a orientação divina, organizou a Terra, dando-lhe condição de habitabilidade, povoando-a de vida e cuidando dos espíritos que aqui encarnavam em regime de provas ou de expiação. Nesse sentido, Jesus é *Logos* e não *Theon*, ou seja, é um instrumento de Deus e não o próprio Deus.

Uma outra passagem de João apresenta Jesus dizendo: *eu e o Pai somos um.* Os adeptos da divindade de Jesus acreditam que esta é uma declaração de Jesus no sentido de ser ele Deus. Repare que a frase *eu e o Pai* torna a separar Jesus de Deus e a frase seguinte, *somos um* significa que Jesus e Deus têm pensamentos e objetivos idênticos, o que o credencia para fazer o que ele fazia.

18 JESUS EXERCIA ALGUMA PROFISSÃO?

Por certo que sim. O que nos dá tal certeza? Duas coisas: A primeira é que não se pode aceitar a ideia de um Jesus inativo que nada fizesse para garantir o próprio sustento ou para ajudar a sua família, em uma sociedade como a judaica, que valorizava, e não pouco, o trabalho. O segundo argumento parte de uma frase dita por um rabino: aquele que não ensina ao seu filho uma profissão ensina-o a roubar.

Assim, era comum que os pais de família dessem a seus filhos uma profissão ainda que fossem ricos e não necessitassem do trabalho de seus filhos. Trabalhar para eles era uma questão religiosa, uma vez que Deus dissera a seu povo: ganharás a vida com o suor de teu rosto. O pai de Paulo de Tarso, por exemplo, ensinou ao filho a profissão de tecelagem ou fabricante de tendas. Mesmo os maiores rabinos de Jerusalém possuíam as suas profissões.

Assim, todo pai de família deveria ensinar a seu filho uma profissão, normalmente a sua. José, sendo um bom judeu, por certo não era uma exceção e ensinou a seu filho mais velho a sua profissão. Reforça o nosso ponto de vista a passagem evangélica de Jesus em Nazaré em que as pessoas dizem: aquele não é o carpinteiro, filho de Maria, e aquele não é Jesus, filho de José, o carpinteiro.

19 JESUS ERA MÉDIUM?

A resposta a esta pergunta depende do conceito que aplicarmos à palavra médium. Se entendermos médiuns como aquele que recebe comunicação dos desencarnados e pode, pela ação destes, fazer curas ou escrever textos, Jesus não era médium. As curas que Jesus fazia e outro atos maravilhosos chamados de milagres, ele os fazia em razão de seu conhecimento muito acima da média dos habitantes da Terra, mas não sob a ação de um outro espírito. Se, por outro lado, interpretamos a palavra médium como aquele que serve de meio para minorar as dores físicas ou morais, para consolar os que sofrem, amparar os que estão em queda, Jesus era médium.

20 JESUS ERA UM FILÓSOFO?

A resposta é não. Um filósofo como Sócrates costumava dizer é aquele que sabe que não sabe ou aquele que quanto mais sabe mais sabe que não sabe e Jesus sabia, embora em sua humildade jamais fizesse alarde de disto. O filósofo é, ainda, alguém que possui o compromisso de buscar a verdade e Jesus era a própria verdade encarnada. Por fim, o filósofo é aquele que cria um sistema como Pitágoras que criou o Pitagorismo; Platão, o Platonismo; Kant, Kantismo; Marx, o Marxismo. Esses sistemas, entretanto, se esgotaram por novos sistemas surgidos com o tempo, mas com Jesus não foi assim. O seu pensamento vindo para Terra há mais de dois mil anos, continua vivo e atuante em nosso planeta.

Se houvesse necessidade de colocar Jesus na história da filosofia, podemos dizer que ele foi o maior de todos os éticos que a Terra conheceu e a sua ética chamada Boa-nova ou Evangelho foi capaz de modificar e vai continuar modificando o comportamento da humanidade deste neste mundo.

21 JESUS FOI TENTADO PELO DIABO?

Para responder a esta questão seria necessário fazer algumas considerações a respeito do diabo. Uma coisa deve ficar muito clara: o demônio não existe, trata-se de uma crença imaginária e ficcional para explicar como em um mundo dirigido pelo bom Deus pode existir o mal.

Iniciemos por fazer uma argumentação contra a existência do diabo. Partamos, portanto, de uma pergunta: O que é que faz de Deus, Deus? A resposta é simples: a Criação. Se Deus não tivesse criado o mundo, ele também não existiria, uma vez que não haveria ser algum capaz de afirmar a sua existência. Se ele nada tivesse criado, nada existiria.

Uma segunda questão: Deus é bom? Sim. Deus é bom. Ele é bom como é o homem ou ele é infinitamente bom? A essência da bondade? Ele deve ser infinitamente bom. Voltemos à questão anterior: Deus criou algumas coisas apenas ou Deus criou todas as coisas existentes no micro e no macrocosmo? Deus criou todas as coisas do universo.

Continuemos o nosso interrogatório: Pode o bom criar o mau? Não uma vez que são excludentes. Ora, se o diabo existe e tudo o que existe foi criado por Deus, logo Deus criou o diabo; entretanto, o mal não pode sair do bem, assim, Deus não pode ter criado o diabo. Se a condição da existência é ter sido criado por Deus e o diabo não foi criado por ele, logo o diabo não existe.

Contra esta argumentação, alguns apresentam o mito da queda dos anjos, segundo o qual Deus não criou o diabo, mas o diabo criou a si mesmo, ou seja, o diabo chamado Lúcifer era o mais belo e mais sábio dos anjos que, por inveja de Deus, revoltou-se e derrotado foi arremessado no inferno juntamente com um grupo de anjos que o apoiavam e o seguiam.

Os anjos, porém, são tidos como perfeitos, mas se um deles era invejoso não era perfeito. Além disto, Lúcifer conseguiu seduzir um grande número de anjos a ponto de formar um exército para enfrentar as forças que apoiavam Deus. Além disto, Deus, vencedor da guerra contra os anjos rebeldes, não teve com eles a menor condescendência, limitou-se a condená-los ao fogo eterno sem nem mesmo discutir os seus motivos ou analisar a culpa de cada um deles. Como se vê, este mito não resiste à menor crítica.

Vamos, em seguida, examinar a passagem evangélica que se encontra nos três sinóticos, nós, porém, vamos nos valer do texto de Mateus:

Então, Jesus *foi conduzido* pelo espírito ao deserto *para ser tentado pelo diabo. E tendo jejuado quarenta dias e quarenta noites teve fome.*

Chegando, então, o tentador: "Se tu és o filho de Deus, manda que essas pedras se tornem pães". Jesus lhe respondeu: "Está escrito que nem só de pão viverá o homem, mas de toda palavra que sai da boca de Deus".

Então o diabo o levou à cidade santa e o colocou sobre o pináculo do Templo e lhe falou: "Se tu és o Filho de Deus, lança-te daqui a baixo porque está escrito: a seus anjos dará ordens a seu respeito e eles te sustentarão nas mãos para que nunca te tropeces em alguma pedra".

Replicou-lhe Jesus: "Também está escrito: 'Não tentarás o seu teu Deus'".

Novamente o diabo o levou a um monte muito alto e lhe mostrou todos os reinos do mundo e a glória deles e lhe disse: "Tudo isso te darei se prostrado me adorares". Então ordenou-lhe Jesus: "Vai-te Satanás, porque está escrito: 'A teu Deus adorarás e só a ele servirás'". Então o diabo o deixou e vieram anjos e o serviram (*Mt.*, IV:1-10).

Vamos examinar em detalhes este texto:

Jesus foi conduzido pelo espírito para o deserto

Repare-se que esta frase está na voz passiva analítica em que o sujeito é Jesus e o agente da passiva é o Espírito. Que espírito seria esse que possuía o poder de levar Jesus para o deserto? O fato de estar a palavra espírito com letra maiúscula indica que se trata do Espírito Santo. Se o Espírito Santo é a terceira pessoa da Santíssima Trindade, portanto, Deus temos que admitir ter sido quem conduziu Jesus para o deserto.

Que deserto seria esse? Para os teólogos católicos não se trata de um deserto simbólico, mas de um exército real, o deserto da Judeia em seu ponto mais alto. Uma tradição localiza este deserto em *Djebel – Quarantal* que fica a quatro quilômetros a noroeste de Jericó. Na literatura judaica e oriental, geralmente, o deserto é considerado o lugar onde habitam os maus espíritos. Assim, devendo ser tentado pelo diabo, o Espírito levou Jesus para o lugar adequado, ou seja, o território dominado pelo diabo.

Para ser tentado pelo diabo

É surpreendente que o Espírito Santo leve Jesus para o deserto com esta finalidade. Seria a tentação um teste por que deveria passar Jesus? Mas sendo Jesus Deus-Filho, como é possível ser experimentado? Seria, portanto, pura perda de tempo uma tentação a Jesus.

Jesus ficou 40 dias e 40 noites sem comer

O número quarenta aparece diversas vezes na *Bíblia* sendo, quase sempre, simbólico. Quarenta dias e quarenta noites durou o dilúvio (*Gn.*, VII:12); Moisés esteve no Sinai com Iahweh quarenta dias e quarenta noites (*Êx.*, XXIV:18); Moisés peregrinou pelo deserto por quarenta anos; quarenta anos é ainda o número que a *Bíblia* adota para o término de uma geração.

A primeira tentação

Durante a sua vida pública, Jesus será instado a dar um sinal de sua condição de Messias e Jesus se nega a fazê-lo. Agora, no deserto, ele tem fome e o diabo se aproveitando disto o coloca em prova sugerindo que ele transforme as pedras em pão. Jesus, por vaidade, poderia dar uma prova ao demônio de que ele era de fato filho de Deus, Jesus não o faz e cita o final da seguinte passagem do Deuteronômio:

"Deus te afligiu, te fez passar fome e te alimentou com o maná, que não conheceram teus pais, para que aprendas que nem só de pão vive o homem, mas de toda palavra que procede da boca de Deus." (*Dt.*, VIII:3).

Segunda tentação

Este caso é bastante estranho, pois o diabo leva Jesus ao pináculo do templo de Jerusalém e dali desafia o Nazareno a saltar dizendo que, por certo, anjos viriam para abrandar a sua queda. Como se pode ver, teria o demônio um poder tão grande que foi capaz de levar Jesus até a parte mais alta do Templo de Jerusalém, o que é inacreditável, a não ser em um tipo de linguagem inteiramente mítica. A tentação nesta passagem diz respeito à vaidade de Jesus que poderia se achar tão importante que seria ajudado pelos anjos de Deus que o salvariam de uma queda mortal. Neste caso, se Jesus aceitasse a sugestão do maligno, ele estaria tentando Deus e, por isso, ele se recusa.

Seria interessante lembrar que a expressão: não tentarás o teu Deus, não se refere ao próprio Jesus, mas se trata de uma citação do Livro do Êxodo quando o povo caminhando com Moisés sente sede. Pedem então que Moisés lhes consiga água por meio de um milagre e Moisés lhes diz: Por que tentais a Iahweh?

Terceira tentação

Mais uma vez volta-se com a linguagem mítica ao se dizer que o demônio tomou Jesus e o levou a uma alta montanha de onde lhe mostrou todos os reinos da Terra. Que montanha seria esta de onde se poderia contemplar todos os reinos do mundo? Além disto, imaginar que se pudesse olhar todos os reinos do mundo de cima de um monte, ter-se-ia que imaginar uma terra plana e não esférica.

Desta vez a tentação do demônio é absurda uma vez que para se tentar alguém é preciso que o tentado não possua a coisa que o tentador lhe oferece. Ora, sendo Jesus o governador do Planeta, nada deste mundo teria interesse para ele.

De tudo o que vimos até aqui, podemos concluir que esta passagem é puramente fabulosa ou mitológica ou ainda, como querem alguns, seja uma interpolação da passagem em que Buda assentado sob a árvore Bodhi foi tentado por Mara, o demônio do Budismo.

22 POR QUE JESUS FOI BATIZADO?

Conta Lucas que João, filho de Zacarias e Isabel, começou a pregar nas margens do Jordão onde ele batizava (mergulhava) as pessoas com o intuito de fazer a metanoia, ou seja, a mudança do espírito, ou reforma íntima, naqueles que o vinham procurar.

Certo dia em que João batizava, compareceu ao Jordão, vindo da Galileia, um homem ainda jovem que João sabia ser seu primo, Jesus, filho de Maria de Nazaré e José, o Carpinteiro.

O lugar exato onde se deu o batismo de Jesus seria, desde o século IV, a margem ocidental do Jordão, o mesmo lugar que, no século VI, é assinalado pela carta de Madaba. Em nossos dias, este lugar fica perto de Jericó, não muito longe do convento ortodoxo de São João Batista, ao qual os árabes chamam de *Qasr El-Yerud*. Voltemos, porém, à narrativa de Mateus.

João ao ver Jesus que caminha em sua direção, fica surpreso e reconhecendo nele um espírito de maior envergadura faz uma frase muito interessante: "Eu é que preciso ser batizado por ti e tu vens a mim?" Ao que Jesus responde: "Consente, agora, porque assim nos convém cumprir toda a justiça." Então ele consentiu.

A fala de Jesus dá a entender que tanto ele quanto João deveriam se subordinar a uma lei maior expressa na palavra justiça. Esta palavra parece indicar que havia um projeto divino em que estava definido tanto o papel de Jesus quanto o do Batista. Jesus então entrou na água e foi mergulhado (batizado) ao sair da água, o Batista viu o céu se abrir e uma luz em forma de pomba que ele identificou como um espírito de Deus e, ao mesmo tempo, uma voz que dizia: "Este é o meu filho amado sobre quem me comprazo."

Prefiro crer que nesta passagem não se deve entender que houve a manifestação do espírito de Deus, mas de um espírito de alta envergadura que ali esteve para dar o testemunho de que Jesus era o Messias. A expressão o céu se abriu deve ser considerada como uma metáfora. Em seguida há um fenômeno de clariaudiência: uma voz vinda do céu. Em grego esta expressão está assim *Phoné ek ton ouranôn*, ou seja, uma voz vinda do céu, ou seja, uma voz cuja origem não era humana, mas divina. Este fenômeno foi puramente subjetivo em relação a João.

O Batismo de João tinha por principal objetivo a metanoia, uma vez que as pessoas antes de serem batizadas confessavam seus pecados e prometiam que, dali em frente, seriam pessoas moralmente novas. Jesus não poderia ser objeto da metanoia, logo o seu batismo teve um outro significado. E qual seria este significado? Apresentar a João Jesus como o Messias uma vez que João nascera para ser o arauto do Senhor. A partir daquele momento, João dá por encerrada a sua missão na Terra. Algum tempo depois será executado, por decapitação, cumprindo a lei de ação e reação uma vez que, quando vivera como o profeta Elias mandara decapitar cerca de 400 profetas de Baal. Vamos lembrar, por fim, que Jesus, embora tenha sido batizado, jamais batizou.

23 JESUS ERA UM TERAPEUTA?

A resposta a esta pergunta é positiva. Ao lado de suas pregações maravilhosas, em que a sua palavra amorosa funcionava como orvalho para as almas ressequidas que as ouviam, Jesus funcionava como médico do corpo e da alma. Apresentamos aqui as suas curas de forma discriminada.

Nos sinóticos

- ✓ Cura de um doente com hanseníase: *Mat.*, VIII:1-4; *Mc.*, I:40-45 e *Lc.*, V:12-14.
- ✓ Cura à distância de um servo de um centurião romano: *Mt.*, VIII:5-13.

- ✓ A cura da sogra de Pedro: *Mt.*, VIII:14-17; *Mc.*, I:29-31 e *Lc.*, IV:38-41.
- ✓ Cura de um obsidiado em Gadara: *Mt.*, VIII:28, 34; *Mc.*, II:3-12 e *Lc.*, V:18-26.
- ✓ Cura de um paralítico em Cafarnaum: *Mt.*, IX:1-8; *Mc.*, II:3-12 e *Lc.*, V:18-26.
- ✓ Cura de uma mulher com hemorragia: *Mt.*, IX:18-26; *Mc.*, V:22-23 e *Lc.*, VIII:40-56.
- ✓ Cura de dois cegos: *Mt.*, IX:27-31.
- ✓ Cura de um obsidiado mudo: *Mt.*, IX:32-34.
- ✓ Cura da filha da mulher cananeia: *Mt.*, XV:21-28; *Mc.*, VIII:21-28.
- ✓ Cura de um menino epilético: *Mt.*, XVII:14-23; *Mc.*, IX:14-29.
- ✓ Cura dos cegos de Jericó: *Mt.*, XX:29-34; *Mc.*, X:46-52 e *Lc.*, XVIII:35-43.
- ✓ Cura de um homem com a mão atrofiada: *Mt.*, XII:9-21; *Mc.*, III:1-6 e *Lc.*, VI:6-11.
- ✓ Cura de um surdo gago em Decápolis: *Mc.*, VII:31-37.
- ✓ Cura de um cego em Betsaida: *Mc.*, VIII:22-26.
- ✓ Cura de um hidrópico em um dia de sábado: *Lc.*, XIV:1-6.
- ✓ Cura dos dez hansenianos: *Lc.*, 11-19.

Curas que estão apenas no Evangelho de João

- ✓ Cura do filho de um oficial do rei: IV:43-54.
- ✓ Cura de um paralítico: V:1-18.
- ✓ Cura de um cego de nascença: IX:1-41.

Jesus, por certo, não veio à Terra para curar os corpos, mas para edificar as almas, entretanto, um espírito amoroso e sensível como era Jesus não poderia passar sem se importar por pessoas que sofriam os mais diversos males e que lhe imploravam ajuda.

Por certo, Jesus não curou todas as pessoas que o procuravam. Um dos primeiros critérios que ele utilizava para realizar a cura era o da fé. Sem que o doente demonstrasse uma fé forte e autêntica na possibilidade de Jesus curá-lo a cura não se efetuava. Um outro critério era o fim de uma expiação. Em muitos casos, a doença era de natureza expiatória e deveria durar um certo tempo e Jesus, conhecendo este fato, liberava o doente de seu sofrimento.

24 JESUS FOI DISCÍPULO DO BATISTA?

Esta pergunta que pode parecer estranha, em verdade não o é, uma vez que existem muitos estudiosos da vida de Jesus, pertencentes ao espaço não religioso, que consideram o Batista como mestre de Jesus em razão de alguns dos ensinos de Jesus se assemelharem às pregações do Batista.

Esta afirmação é inteiramente falsa. Jesus era um espírito puro já liberado do ciclo da encarnações corretivas enquanto o Batista reencarnou inclusive para acertar contas com a lei de Deus que ele mesmo havia infligido quando vivera na personalidade do profeta Elias. Como já vimos, ao tratar do batismo de Jesus, o próprio João Batista possuía plena consciência da distância espiritual existente entre ele e Jesus.

Quanto à semelhança entre os ensinamentos de um e de outro pode ser explicado pela função do Batista. Ele seria aquele que aplicaria (prepararia) os caminhos de Senhor (Jesus). Partícipe do Projeto Divino, o Batista conhecia o ideário do Messias e o que ele diria na Terra. Assim, ele adiantava uma parte da mensagem para reforçar o que seria dito pelo Mestre maior, Jesus Cristo.

25 QUAL ERA O CENTRO MESMO DA PREGAÇÃO DE JESUS?

O reino dos Céus (*Basileia ton ouranos*) ou Reino de Deus (*Basileia ton Theon*), nos sinóticos é a ideia central da pregação de Jesus. O evangelista Marcos usa esta expressão 14 vezes, Lucas 39 vezes e Mateus, 32 vezes. Esta mesma expressão em aramaico se diz *malkuta-dismayyã*. A expressão reino de Deus ou Reino dos céus sugere que este reino não seja terreno, mas algo espiritual.

O que era, porém, o Reino de Deus? Que sentido se deve dar a esta expressão? Seria o Reino um estado de alegria e felicidade que se daria na consumação dos tempos (fim do mundo) para premiar os justos? Muitos aceitam este modo ver, mas quando Jesus diz que o Reino de Deus está em cada um de nós, podemos imaginar que este reino seria os mundos maiores a que os espíritos devem aspirar em sua estrada evolutiva. Esta interpretação encontra reforço na frase de Jesus a Nicodemos: ninguém verá Reino de Deus se não nascer de novo, em outras palavras: o Reino é algo que depende da purificação dos espíritos através das reencarnações bem-sucedidas.

26 JESUS FEZ MILAGRES?

Se tomarmos a palavra milagre no sentido de uma derrogação das leis naturais, Jesus jamais fez qualquer milagre. Comecemos, portanto, por um raciocínio simples. Se o milagre é uma derrogação das leis naturais, apenas Deus pode realizá-lo. Se Jesus é Deus, ele poderia fazer milagres, poderia, em teoria, porque na prática não poderia uma vez que um legislador ético não pode derrogas as próprias leis e deve ser o primeiro a respeitá-las. Se Jesus não é Deus e fez milagres, ele derrogou as leis de Deus, o que consiste em verdadeiro absurdo; assim, só nos resta uma conclusão: Jesus não fez milagres.

Um outro raciocínio parte de uma outra proposição: um milagre explicado deixa de ser milagre. O milagre tem a necessidade de não ser explicado, pois, se houver uma explicação para tais eventos ou se trata de truques ou estamos frente a leis da natureza que desconhecemos. Tomemos um exemplo: o povo de Israel caminha pelo deserto sob a liderança de Moisés. Tem fome e Moisés recorre a Iahweh que lhe diz para ter paciência que no outro dia ele mandaria alimento para todo o povo.

De fato, no dia seguinte caíram do céu uma grande quantidade de codornizes que o povo, faminto, apanha com facilidade e come. Milagre de Deus? Não. Ali onde aconteceu este fato era uma rota natural daquelas aves que, em migração, cansadas, costumaram pousar naquele lugar. Era, portanto, um fato natural, logo não houve milagre. O maná também não foi milagroso por ser um outro fato bastante natural que acontece naquela região até os dias de hoje.

Jesus também pode ter seus atos maravilhoso explicados, embora para explicar alguns deles dependamos de novas leis naturais reveladas pelo Espiritismo. O primeiro milagre de Jesus que se encontra no *Evangelho de João* (II:1-12), aconteceu na cidade de Caná da Galileia e ficou conhecido como a transformação da água em vinho, uma vez que vinho é vinho e água é água e não se pode transformar um no outro pelos processo que conhecemos. Logo deveria ser um milagre.

Jesus havia ido a um casamento onde também estava sua mãe. Em meio às festividades, acabou o vinho o que causou um grande mal-estar. Maria tratando de ajudar pediu a seu filho que resolvesse a dificuldade. Jesus manda então que lhe tragam alguma hídrias ou cântaros de barro cheios de água e Jesus transforma a água em vinho. Como Jesus fez isto? A resposta é relativamente simples: Jesus que conhecia, como ninguém, a manipulação dos fluidos, principalmente do fluido universal de que todas as coisas são feitas, colocou na água os elementos que formam o vinho dando-lhe sua cor, sabor, tessitura e outros elementos que constituem esta bebida. Assim, o que fez Jesus foi algo que as pessoas da época não conheciam. Não houve, portanto, nenhuma ruptura com as leis naturais e, assim, nenhum milagre.

Dos milagres de Jesus, os mais famosos são aqueles em que ele faz um morto voltar à vida, como aconteceu com a filha de Jairo e Lázaro. Se Lázaro, por exemplo, estivesse morto, teria cumprido uma lei biológica: nascer, crescer, amadurecer, envelhecer e morrer e, portanto, fazê-lo voltar a vida seria um verdadeiro milagre. Em ambos os casos Jesus não atesta a morte desses personagens, limita-se, ao contrário, a dizer que eles não estavam mortos.

Por certo, Jesus notou que ambos os espíritos não haviam ainda rompido os laços fluídicos que os unia ao corpo e, assim, os chamou de volta e eles vieram. Assim, com certeza, não houve ressurreição alguma, mas apenas a volta de um espírito a seu corpo, produzido por Jesus.

Nos caso em que Jesus cura cegos também não há milagres, uma vez que Jesus possuía recursos para recuperar nervos óticos lesados e curar algumas formas de cegueiras psíquicas. Através também de usos fluídicos e de energias eletromagnéticas, ele também poderia matar o bacilo de Hansen, causador da lepra (*mycum bacteriae leprae*) e ainda recuperar tecidos fragilizados pela doença. Em todos esses casos Jesus não desrespeitou as lei naturais. Apenas se valeu de determinados princípios que só um espírito de grande evolução como ele conhecia e isso pareceu milagre a espíritos imperfeitos como os que viveram na Terra no tempo em que ele por aqui esteve.

27 JESUS PODERIA TER EXPULSADO OS VENDILHÕES DO TEMPLO?

Antes de respondermos a esta pergunta, vamos traçar algumas considerações sobre o Templo de Jerusalém, o templo que Jesus conheceu e que deve ter frequentado foi construído por Herodes, o Grande. Este santuário era o terceiro Templo. O primeiro, construído pelo rei Salomão, foi destruído pelo rei da Babilônia, Nabucodosor, quando conquistou Jerusalém no ano 586 antes de Jesus Cristo. O segundo Templo foi erigido pelos judeus que voltavam do exílio da Babilônia, libertados por Ciro, rei dos persas. Foi inaugurado no ano 515 a.C. e durou até o tempo de Herodes. Os rabinos, porém, chamavam o Templo de Herodes como o segundo considerando-o uma extensão do Templo pós-exílico.

Herodes começou o seu trabalho no décimo oitavo ano de seu governo. Não o fez, porém, por motivos religiosos, pois, sendo idumeu, não estava muito interessado nas questões religiosas do Judaísmo. Sua principal motivação foi o amor pelas grandes construções e uma tentativa de se tornar mais simpático aos judeus.

Para realizar a sua construção, Herodes reuniu uma grande quantidade de material e contratou dez mil operários. Em virtude de haver partes internas do Templo em que os leigos não poderiam entrar, segundo a lei hebraica, Herodes mandou que mil sacerdotes aprendessem a profissão de pedreiro para que ali trabalhassem. Os trabalhos nesta parte interna que constituía o verdadeiro santuário durou um ano e seis meses. Os trabalhos da parte externa que envolvia o edifício e os átrios levaram cerca de oito anos. Assim, o total da obra durou nove anos e meio.

O interessante é que as atividades litúrgicas não foram interrompidas durante a construção, pois assim que se demolia uma das partes internas logo se erguia outra em seu lugar. Ao final desta grande obra Herodes dedicou o bom sucesso de seu trabalho ao aniversário de sua ascensão ao trono. Por certo, politicamente, Herodes antecipou a inauguração do Templo ainda não completo de todo. Assim, os trabalhos de arremate duraram ainda muitos anos, só terminando no governo do Procurador Albino que se deu entre os anos 62 a 64, um pouco antes de os romanos destruírem o Templo. Isso explica uma passagem de João (II:20) em que ao ouvir Jesus dizer que derrubaria o santuário e o ergueria em três dias um judeu lhes observou: Em quarenta e seis anos foi edificado este santuário e tu o levantarás em três dias?

Houve o cuidado por parte dos judeus ortodoxos de que o santuário deste templo fosse, em tudo, semelhante ao do primeiro Templo, embora a altura fosse maior. Por outro lado, as construções externas que circundavam o santuário foram bastante ampliadas, provavelmente em função do aumento populacional dos judeus. Sobre esta questão, escreveu Giuseppe Ricciotti em seu notável livro *A vida de Cristo*:

> Como o antigo Templo estava sobre a colina oriental da cidade, o plano superior da colina foi quase duplicado por meio de construções feitas ao lado. No espaço assim conseguido foram abertos três pórticos ou átrios, que iam aumentando de altura da periferia para o santuário interior. O primeiro e o mais periférico dos pórticos era aberto a todos e, por isso, era chamado de *átrio dos gentios*, podendo ser frequentado mesmo pelos pagãos.
>
> Caminhando-se mais para o interior até a um certo ponto havia outro átrio, este marcado por uma balaustrada de pedra que marcava os limites acessíveis aos pagãos. Inscrições em grego e latim ali recordavam a estes a proibição de passar além sob pena de morte (uma dessas inscrições em grego foi encontrada em 1871). Passada a balaustrada e subindo alguns degraus, entrava-se no átrio interior, protegido por paredes muito grossas e subdividido em duas partes: a parte mais externa chamada *átrio das mulheres* porque até ali podiam penetrar as mulheres israelitas e a mais interna, átrio dos israelitas, acessível só aos homens. Continuando a subir vinha o

> átrio dos sacerdotes onde ficava o altar dos holocaustos, ao ar livre. Por fim, depois de alguns degraus, ficava o verdadeiro santuário.[3]

Vamos detalhar um pouco mais: o santuário tinha a sua frente um vestíbulo e, por dentro, era dividido em duas partes: A primeira parte ou parte interior era chamada de santo e ali estava um altar de ouro para se colocar os perfumes e incensos, a mesa dos pães da proposição e o candelabro de ouro de sete braços ou *menorá*. Este candelabro estava sempre cheio de óleo de oliva e era mantido permanentemente aceso. A segunda parte era chamada de o santo dos santos (*sanctus sanctorum*), tida como a morada do deus de Israel e, portanto, para os judeus, era lugar mais sagrado de toda a Terra.

Era no Templo de Salomão que se encontrava a Arca da Aliança, onde estariam guardadas as tábuas da lei. Destruído, porém, este símbolo de Israel, o santo dos santos tornou-se um lugar escuro e vazio. Quando depois da invasão de Jerusalém pelos romanos, Pompeu entrou no santuário, admirou-se de encontrá-lo inteiramente vazio. Naquele lugar sacratíssimo entrava apenas o Sumo Sacerdote e somente uma vez por ano, no dia do *kippur* ou da expiação.

Feita esta descrição do Templo de Jerusalém já podemos entrar no texto de João sobre a purificação do lugar sagrado. Começa o texto por dizer que, nas proximidades da Páscoa, Jesus subiu a Jerusalém. Passou, então, pelo templo e, no átrio dos gentios, e encontrou ali vendedores de bois, ovelhas e pombas e também cambistas que ali estavam sentados.

Aqueles homens que estavam ali não eram desocupados, vagabundos que vivessem da exploração de pessoas, muito pelo contrário, eram muito úteis aos que vinham ao Templo. Os cambistas trocavam as moedas dos judeus que vinham de diversas partes do mundo

---

[3] Op. cit. p. 59.

pela moeda local; os vendedores de animais facilitavam àqueles que vinham oferecer sacrifícios de sangue a Iahweh e o que era mais importante: todos estavam ali com ordem do Templo e, possivelmente, pagando pelo espaço ocupado.

Inexplicavelmente, Jesus toma algumas cordas e faz um azorrague com elas. A palavra usada em latim é *flagelum*, em grego *flagelion*, ambas as palavras significam chicote. Assim munido expulsou todos do templo soltando os animais, espalhou o dinheiro dos cambistas e derrubou-lhes as mesas.

É realmente inacreditável que um espírito da elevação de Jesus tenha sido tomado por um acesso de fúria a ponto de agredir fisicamente pessoas que apenas faziam o seu trabalho. Em seguida ele disse: "tirai estas coisas daqui e não façais da casa de meu Pai casa de negócio". Ora aquele pessoas que vendiam coisas no átrio ou trocavam moedas o faziam com a permissão do Sumo Sacerdote e, assim, o que fazia do templo casas de negócio eram os próprios homens desse mesmo Templo. Ainda nos é estranho que, frente a tal tumulto, a guarda romana, sempre muito atenta, ou a própria polícia do Templo não tenham interferido para prender Jesus por desordem.

Todas essas considerações feitas até aqui nos fazem acreditar que embora esta passagem esteja nos três sinóticos, ela é impossível, principalmente por nos mostrar um Cristo desequilibrado, violento, um Cristo que ficou marcado o tempo todo de sua vida mansuetude e pelo perdão aos próprios inimigos.

28 JESUS FOI O PRIMEIRO A CHAMAR DEUS DE PAI?

A leitura atenta dos Evangelhos nos revela com grande facilidade e abundância de exemplos o fato de Jesus chamar Deus de Pai. Esta forma de tratamento figura em várias formas literárias contidas nos Evangelhos: nas parábolas, nas sentenças, nas preces e em todas as camadas da tradição sinótica. Tem-se a impressão de que Jesus quer dizer aos seus ouvinte que a melhor maneira de encarar a divindade é como um pai justo e bom que cuida de seus filhos com extremo cuidado e senso de justiça.

Um bom exemplo deste ponto de vista é a parábola do filho pródigo. Neste relato o Pai (metáfora de Deus) recebe um pedido de seu filho (a humanidade) no sentido de sair do aconchego familiar para tentar sorte no mundo. O pai, respeitando o livre-arbítrio de seu filho, não só permite que ele deixe sua casa, como lhe dá a parte que lhe cabia na herança. O jovem sai para o mundo e perde todo o dinheiro que levava. Um dia, faminto e desesperado, ele ao ver uma vara de porcos que se alimentava de alfarrobeiras, decide comer com os animais. É nesse momento que ele se lembra que possuía um pai e decide voltar para casa.

Ao chegar à casa, seu pai não só o acolhe como dá uma festa em sua homenagem e o veste com uma bela túnica. O irmão mais velho questiona o pai dizendo-lhe: "Pai, não é justo. Eu estive contigo aqui todo o tempo e tu jamais me deste uma festa, ao passo que a este estroina que voltou, tu festejas a sua volta". O pai responde ao filho dizendo que ele deveria ficar feliz porque seu irmão estava pedido e foi recuperado.

É claro nesta parábola que Deus é bondoso e está sempre disposto a nos perdoar desde que descubramos a nossa relação de paternidade com ele. Deus perdoa sempre aqueles que estão sinceramente arrependidos e para ele se voltam, não importa o que tenham feito. Vamos ver algumas passagens sobre o conceito do pai que perdoa.

Em uma das máximas de Jesus conservada no *Evangelho de Marcos* Jesus diz: "E quando estiveres rezando, perdoa o que tiveres contra alguém para que o Pai que está nos céus possa perdoar as tuas faltas" (*Mc.*, II:25).

Na continuidade de seu Evangelho Marcos parece reforçar a tese do perdão paterno ao colocar estas palavras de Jesus:

Se perdoares aos homens as suas faltas, *teu Pai celeste* também perdoará as tuas, mas se não perdoares aos homens as faltas deles, teu *Pai celeste* também não perdoará as tuas.

A noção de Deus-Pai em Jesus também envolve o conceito de atenção. Deus está sempre atento com solicitude paternal com relação a seus filhos. Na famosa passagem das aves do céu e dos lírios do campo, Jesus fala: "Olhai os pássaros do céu, eles não plantam nem colhem nem amontoam em celeiros e, mesmo assim, vosso *Pai celestial* os alimenta" (*Mt.*, VI:31; *Lc.*, XI:13). Olhai os lírios do campo eles não tecem nem fiam, mas eu vos garanto que nem Salomão em toda a sua glória se vestiu como um deles... Portanto não vos preocupeis dizendo: o que comeremos ou o que vestiremos porque também os gentios se preocupam com essas coisas; e vosso *Pai celeste* sabe que necessitas de tudo isso.

Esses exemplos podem aumentar bastante. Resta-nos, porém, saber se, antes de Jesus, Deus havia sido chamado de Pai. Sem dúvida alguma. No *Livro do Êxodo* (*Êx.*, IV:22) Moisés se dirige ao Faraó dizendo: "Israel é meu filho, meu primogênito." No *Deuteronômio*, no chamado Cântico de Moisés, existe a seguinte pergunta: "Não é ele teu pai que te criou e te estabeleceu?" (*Dt.*, XXXII:26.) No Salmo CIII:13 diz-se com relação aos votos: "Assim como o pai tem a devoção de seus filhos, do mesmo modo o Senhor tem a devoção daqueles que o temem".

Na literatura dos profetas encontramos diversas passagens onde Deus é tratado como pai. No *Livro de Isaías* encontramos: "Pois tu és nosso Pai / já que Abraão não nos conhece / Tu, Senhor, és nosso Pai, nosso redentor e este é teu nome desde a antiguidade" (*Is.*, LXIII:16). Ainda em Isaías existe uma outra passagem que diz assim: "Senhor, tu és nosso Pai. Somos argila e tu és nosso oleiro, somos o trabalho de tuas mãos" (*Is.*, LXIV:8). O profeta Malaquias mantém esta tradição ao dizer: "Um filho honra seu pai e um servo, ao seu Senhor. Se sou um Pai onde está a minha honra? – diz o Senhor dos Exércitos a vós, ó sacerdotes." (*Ml.*, I:6). Em Oseias lemos: "E onde lhes foi dito não sois meu povo, lhes será dito *Filhos do Deus vivo.*" (*Os.*, II:1 e, por fim, em *Jeremias*, temos: "Pois sou um Pai para Israel e Efraim é meu primogênito" (*Je.*, XXXI:9).

Como se pode ver, havia uma tradição em Todo o Antigo Testamento de tratar Deus por Pai. Esta tradição Jesus vai retomar, revigorar e levá-la ao máximo, mostrando por diversas vezes que esta relação entre Deus e o homem é amorosa e justa, embora nem sempre a humanidade a compreenda e haja verdadeiramente como filha de Deus.

29 COMO JESUS SE TORNOU DEUS?

Para se dar uma resposta a esta pergunta é necessário voltarmos a igreja primitiva. Desde o tempo dos primeiros cristãos, desenvolveu-se a ideia de que havia o chamado *mistério trinitário* segundo o qual existiam três pessoas ou três divindades que se uniam em uma só: Deus pai, Deus filho e Deus Espírito Santo, sendo Jesus o Deus filho. Esta ideia foi confirmada no Concílio Niceno – Constantinopolitano. Os primeiros a defender este ponto de vista foram: Inácio de Antioquia em sua *Carta aos efésios* (IX:1 e XVIII:2) e Clemente Romano, em uma de suas epístolas. Do ponto de vista histórico, porém, o primeiro a defender esta hipótese foi Tertuliano no início do século III em seu livro *Adversus Praxeas.* Foi ele quem usou, antes de qualquer outro, o termo latino *Trinitas*; embora, antes dele, no Oriente, Teófilo de Antioquia tivesse usado o termo grego *Trias* em seu *Três livros a Autolicus.* Entretanto, a primeira afirmação doutrinária sobre a Trindade no pensamento teológico cristão se deu no Concílio de Constantinopla em 381.

Algumas heresias colocaram em dúvida a validade da Santíssima Trindade e entre estas se encontra o Arianismo, uma questão surgida em 320 de nossa era. O seu heresiarca ou primeiro divulgador foi Arius (de onde a heresia tirou seu nome), um sacerdote católico pertencente à igreja da cidade egípcia de Alexandria. As ideias de Arius diziam respeito à natureza das relações das pessoas da Santíssima Trindade, criticando o conceito que a Igreja Católica fazia de Jesus Cristo. Diz-se que Arius negava a divindade de Jesus

Não se deve, entretanto, imaginar que a negação da divindade de Jesus por Arius tivesse o mesmo sentido dos negadores modernos que veem em Jesus um homem superior ou no máximo um filósofo revolucionário que acabou crucificado por um conluio entre o Templo e os romanos. Em Arius, Jesus continua a possuir a essência divina, mas em uma proporção menor do que a que existe no Deus-Pai. Nesse sentido, o Jesus, o Jesus do arianismo seria uma divindade, mas de segunda ordem. Apenas ao pai seria conveniente aplicar-se o nome Deus.

Do ponto de vista de Arius, Jesus não era *homousios*, ou seja, da mesma substância do Pai, mas *homouisios*, ou seja, semelhante ao Pai. Note que o problema era apenas a presença ou não de um I. O Verbo (logos), primeira criatura do Pai, antes de ser auxiliar da Divindade na obra da criação, seria, sem dúvida, Deus em relação à humanidade terrestre, suas criaturas; entretanto, não pode ser considerado Deus em relação ao Pai. Em verdade, Arius considerava Jesus uma divindade de porte menor. Assim, a Igreja considerava que a ideia de Arius, de um certo modo, revigorava o politeísmo que o próprio Cristianismo havia vencido. Esta mesma Igreja não considerava o trideísmo como uma forma de politeísmo porque os três pessoas da Santíssima Trindade sintetizava-se em uma divindade apenas.

O Concílio de Niceia, reunido no ano 325, atuou duramente contra o Arianismo. O documento redigido por aquele Concílio expressou com clareza a sua opinião que passou a ter valor de dogma: *O verbo é Deus de Deus, Luz da Luz, Verdadeiro do verdadeiro Deus, engendrado e não criado e consubstancial ao Pai.* Não menor era o anátema que colocava fora da Igreja (excomungava) aquele que negasse esta decisão do Concílio.

Assim, desde de 325 a divindade de Jesus foi considerada uma questão fechada. A longa resistência ao símbolo (credo) de Niceia não foi suficientemente forte para mudar os fatos. A igreja continuou firme na sua pregação de que o Verbo que se fez carne (Jesus Cristo) era verdadeiramente a aparição de Deus que este Verbo era distinto do Pai, porém, estando com ele essencialmente unido; possuindo com o Espírito Divino a mesma natureza, o mesmo entendimento e a mesma vontade.

30 COMO JESUS VIA AS MULHERES?

Para que se compreenda, de modo, como Jesus via o sexo feminino, seria necessário, antes, ter uma ideia bastante clara sobre a condição da mulher na Palestina, no tempo de Jesus. Em uma sociedade patriarcal como a israelita, não é de se estranhar que o espaço da mulher fosse muito restrito e controlado. De início, o marido não possuía nenhum poder sobre a mulher, pois nos textos sagrados não havia nenhuma norma que dissesse ser a mulher inferior ou dependente do homem.

Muitos doutores da lei e rabinos, inconformados com o silêncio das Escrituras neste caso, resolveram buscar nesses textos algo que justificasse o domínio do homem sobre a mulher. De tanto procurarem encontram o que desejavam, ou seja, o mandamento que dizia: não cobiçarás a mulher de teu próximo, nem a sua casa, sem o seu burro, nem o seu boi, nem nada que lhe pertença.

Os rabinos, então, chegaram à conclusão que, estando as mulheres entre as coisas que constituíam os bens de um homem, ela seria propriedade deste. Essa regra foi levada tão a sério que a lei mandava, no caso de um escravo ser vendido, que a sua mulher fosse vendida com ele.

Entre os judeus do tempo de Jesus a mulher devia ao marido uma fidelidade absoluta, sem que pudesse exigir reciprocidade. Em verdade, o marido não tinha o direito de vender sua mulher, contudo podia repudiá-la com grande facilidade. O lugar que a mulher ocupava na sociedade israelita era inferior ao do homem. Uma sentença de um antigo rabino dizia: deves agradecer a Deus por não te ter feito nascer mulher, gentio ou proletário.[4] Em sua própria casa, as mulheres não comiam com os homens, mas de pé. Eram elas que serviam os maridos e os filhos à mesa.

Nas ruas, nos átrios do Templo homens e mulheres não andavam juntos. Como as mulheres gregas que viviam em seus gineceus[5] a mulher judaica também ficava em casa e muitas dessas casas possuíam janelas cobertas para que elas não fossem vistas da rua. Nos tempos mais antigos o véu feminino era obrigatório. Um judeu não podia falar com uma mulher em público ainda que esta mulher fosse a sua esposa. Os apóstolos do Cristo ficam espantados quando encontram o mestre conversando junto ao poço com a samaritana.

Do ponto de vista jurídico ou legal, a mulher era considerada como menor de idade. Assim, se ela firmasse um compromisso sem anuência do marido ele poderia anulá-lo e quem aceitasse fazer negócio com uma que o marido anulasse, não poderia recorrer. Na justiça, exceto em casos muito especiais, o seu testemunho não era aceito. No caso da morte de seu pai ou de seu marido os bens destes não eram herdados por ela.

---

4 *Menakhot*. LXIII b.

5 Parte da casa grega reservada às mulheres.

Foi nesta sociedade que Jesus cresceu e se tornou adulto. Ao longo de sua vida, que podemos conhecer pela leitura dos Evangelhos, ele entrou em contato com diversas mulheres sem que nesses contatos demonstrasse o menor sinal de preconceito com respeito a elas. Vamos começar este estudo com a passagem de Jesus e a Samaritana que se encontra no *Evangelho de João* (IV:1-30).

Conforme este relato, Jesus indo para a Galileia teve de passar pela Samaria e, assim, chegou a uma cidade samaritana chamada Sicar. Estado cansado, Jesus sentou-se junto a um poço. Era cerca da hora sexta, ou seja, quase ao meio-dia. Jesus ficou ali à espera de seus apóstolos que haviam ido comprar comida. Não demorou muito e apareceu ali uma mulher samaritana que viera buscar água já que este tipo de trabalho pesado estava reservado às mulheres. A mulher se aproxima, enche seu cântaro e então Jesus diz a ela:

– Shalon Aleichein!

– Aleichein Shalon! – respondeu a mulher.[6]

– Tenho sede. Dá-me de beber – pediu Jesus.

– Por que tu, sendo judeu, pedes água a mim que sou samaritana?

Conforme vimos na introdução deste capítulo, não era comum que um israelita bem-educado abordasse uma mulher na rua e, ainda mais, sendo esta mulher uma samaritana, povo que os judeus hostilizavam, daí a relação da mulher.

– Se conheceras o dom de Deus e aquele que te pede: dá-me de beber, tu lhe pedirias a ele e ele te daria água viva – disse Jesus.

---

[6] Shalon significa "paz". Shalon Aleichein quer dizer: "que a paz esteja convosco". Em resposta a este cumprimento se diz: Aleichein Shalon, "convosco esteja a paz". Esta saudação não está no texto evangélico, mas acreditamos que ele tenha existido para que pudesse ter início o diálogo entre Jesus e a Samaritana.

– Senhor, tu não tens com que tirar água e o poço é fundo, onde pois tens água viva?

A mulher, que não compreendeu o que Jesus lhe disse uma vez que ele usou um simbolismo, continuou parecendo muito curiosa:

– És, porventura, maior do que Jacó, o nosso pai, que nos deu o poço do qual ele mesmo bebeu assim como os seus filhos e o seu gado?

– Aquele que beber desta água tornará a ter sede, mas aquele que beber da água que eu lhe der, nunca mais terá sede; pelo contrário, a água será nele uma fonte a jorrar para a vida eterna.

A mulher, então, compreende que não estava frente a um homem comum e, por isso, ela acredita nele e lhe diz:

– Senhor, dá-me desta água para que eu não mais tenha sede nem precise vir aqui buscá-la – falou a samaritana.

– Muito bem. Vai chamar teu marido e vem cá – pediu Jesus.

– Não tenho marido – respondeu a mulher.

– Bem disseste que não tens marido porque já tiveste cinco e esse agora que tens não é teu marido. Nisto disseste a verdade – ponderou Jesus.

A mulher ainda não compreendeu o sentido espiritual da frase de Jesus e pede a ele a água que mata a sede para sempre porque deseja se livrar da dura tarefa de buscar água na fonte. Jesus que a conhecia mais do que ela imaginava pede a ela que vá à casa e volte com seu marido e ela lhe diz que não tinha marido. Então, Jesus, sem criticá-la revela a ela que a sua vida não está de acordo com a boa moral. Agora a mulher fica, de fato, espantada e diz ao estranho:

– Senhor, vejo que é um profeta. Diga-me então: nossos pais adoraram neste monte, mas vós, os judeus, dizeis que é em Jerusalém o lugar certo para se adorar.

– Vós adorais o que não conheceis; nós adoramos o que conhecemos porque a salvação vem dos judeus, mas podes crer que virá a hora em que nem neste monte nem em Jerusalém adorareis o Pai, mas o adorareis em espírito e verdade, pois são estes que o Pai procura para seus adoradores. Deus é espírito e importa que os seus adoradores o adorem em espírito e verdade.

Parece que esta mulher, embora possuísse uma vida irregular do ponto de vista da sociedade judaica, possuía algum mérito especial porque Jesus dedica a ela um grande espaço para explicar teses que nem mesmo com seus apóstolos costumava discutir. A expressão que ele usa: "a salvação vem dos judeus" deriva do fato de ele mesmo ser a salvação e ser judeu. Outro ensino importante é a negação do culto material de Deus ao dizer que importa adorar a divindade em espírito e verdade, não importando em que lugar se esteja.

Mais encorajada ainda, a mulher traz um tema de fundamental importância para o judaísmo, talvez o mais importante de todos:

– Eu sei que há de vir o Messias, chamado Cristo, quando ele vier nos anunciará todas as coisas.

– Eu sou o Messias, aquele que fala contigo.

É realmente surpreendente que Jesus se revela o Messias a uma mulher, coisa que o tempo todo se negou a revelar-se a muitas pessoas que lhe fizeram a mesma pergunta. Esta atitude é uma prova cabal de que Jesus não fazia distinção entre homens e mulheres.

Continuando, vamos continuar no *Evangelho de João* para ver como Jesus se relacionava com as mulheres. Refiro-me ao episódio da mulher adúltera (VIII:1-11) Jesus havia voltado do Monte das Oliveiras e, parando no Templo, sentado ensinava. Então, alguns escribas e fariseus chegaram trazendo uma mulher que havia sido surpreendida em adultério. A mulher foi colocada de pé e os que a conduziam perguntaram a Jesus:

– Esta mulher foi apanhada em flagrante de adultério. Segundo a lei de Moisés ela deve ser apedreja e tu, o que nos tem a dizer sobre isto?

Era uma situação dilemática, pois se Jesus dissesse: "que ela seja apedrejada, pois assim manda a lei", estaria de acordo com a lei e em oposição a seus próprios ensinos. Se, por outro lado, ele dissesse: "não a deveis apedrejar", ele estaria de acordo consigo mesmo, mas contra a lei de Moisés. Assim, ele não poderia dizer nem que sim nem que não e continuou escrevendo na terra com o dedo. Como insistissem na pergunta, Jesus levantou a cabeça e falou: "Aquele dentre vós que estiver sem pecado que seja o primeiro e lhe atirar a pedra." Com estas palavras, Jesus os forçava a fazer uma autoanálise, um exame de consciência e a responder uma pergunta: seremos nós tão puros que tenhamos o direito de apedrejar esta pecadora? A resposta a esta pergunta foi negativa e todos saíram dali a começar dos mais velhos.

Jesus fica sozinho com a mulher e pergunta a ela

– Mulher, onde estão aqueles que te acusavam? Ninguém te condenou?

– Não, Senhor, ninguém me condenou.

– Nem eu tampouco te condeno. Vai e não peques mais.

Em uma sociedade machista em que o adultério era considerado um crime contra a honra masculina, Jesus compreende e perdoa o pecado daquela mulher. Estas duas passagens vistas até aqui mostram sem dúvida alguma que Jesus foi o primeiro feminista, não no sentido que esta palavra tomou em nossos dias, mas em um sentido muito mais profundo. Jesus sabendo que o espírito não tem sexo e pode encarnar como homem ou como mulher, sabe que todos somos iguais e, portanto, não há o menor motivo para que o homem se considere superior à mulher e a submeta a seus caprichos.

Seria interessante lembrar ainda que Jesus foi um dos primeiros dentre os mestres antigos que admitiu em seu grupos mulheres como Maria Madalena, Joana de Cusa, Salomé, mão de João e Tiago. Maria, mãe de Marcos, e a sua própria mãe. Não vamos nos esquecer aqui de Marta e Maria, as irmãs de Lázaro que recebiam Jesus em sua casa e tinham longas conversas com ele. É provável também que haja outras que os Evangelhos não registraram.

31 QUE RELAÇÃO EXISTIA ENTRE JESUS E MARIA MADALENA?

Antes de dar uma resposta a esta pergunta, seria interessante responder a uma outra questão: quem era Maria Madalena? Maria Madalena é um personagem dos Evangelhos que aparece nas seguintes passagens: *Mt.*, XXVII:56 e 61; XVIII:1. Em *Mc.*, XV:40, 47; XVI:1 e 9. *Lc.*, VIII; 2:XXIV:10 e *Jo.*, XIX:25; XXI:18.

Maria era natural de uma aldeia chamada Magdala que ficava na costa sudoeste do Mar da Galileia. Segundo Marcos, Jesus retirou dela sete demônios (obsessores) (XVI:9) e conforme Lucas tornou-se uma das mais devotadas seguidoras de Jesus (VIII:2) Foi ela que teve a oportunidade única de ter sido a primeira testemunha da volta de Jesus ao convívio dos apóstolos.

O papa Gregório IX no ano 591 resolveu unificar três mulheres relacionadas com Jesus: a mulher adúltera que Jesus salvou de ser apedrejada, Maria de Betânia, a irmã de Lázaro, e uma terceira mulher de identidade desconhecida que aparece no *Evangelho de Lucas* ungindo Jesus em uma única figura, a de Madalena. Na sua homilia 33 Gregório declara:

> Aquela que Lucas chama de mulher pecadora e que João chama de Maria, acreditamos ser a Maria de quem, segundo Marcos, Jesus

> expulsou sete demônios. Esses sete demônios significam todos os pecados e vícios. É evidente, meus irmãos, que esta mulher usava bálsamos para perfumar sua carne em atos proibidos[7].

Foi também este papa que colocou sobre Madalena a mácula da prostituição. Sobre esta questão escreveram David Tresemer e Laura Lea Cannon no prefácio da tradução do *Evangelho de Maria Madalena* de Jean-Yves Leloup:

> Somente em 1969 a Igreja Católica rejeita oficialmente o rótulo de prostituta aplicado por Gregório a Maria Madalena, admitindo, assim, seu erro; embora a imagem de Madalena como meretriz penitente tenha permanecido nos ensinamentos públicos de todas as igrejas cristãs. Assim como as erratas escondidas nas últimas páginas dos jornais, a correção da igreja passou despercebida, enquanto o item original e incorreto continuava a influenciar os leitores.[8]

Parece que, de fato, Jesus possuía um grande apreço por ela. Em uma obra apócrifa chamada *O Evangelho de Maria Madalena* encontramos uma passagem muito interessante na qual Maria cita as palavras que Jesus lhe havia dito e acusa um grande mal-estar entre os apóstolos. Vamos conhecer esta passagem (1 a 20):

> Eu saí do mundo graças a um outro mundo; uma representação se apagou graças a uma representação mais elevada. De agora em diante eu vou para o repouso onde o tempo repousa na eternidade do tempo. Eu vou para o silêncio. Depois de ter dito isto Maria se calou: É assim que o mestre conversava com ela. André então tomou a palavra e se dirigiu a seus irmãos: "O que pensais vós que ela acaba

[7] In Burnstein. *Os segredos do código Da Vinci.* p. 43.

[8] In Burnstein. Op. cit. p. 43.

> de contar. De minha parte, não acredito que o mestre tenha falado assim. Estes pensamentos diferem daqueles que conhecemos." Pedro ajuntou: "Será possível que o Mestre tenha conversado assim com uma mulher sobre segredos que nós mesmos ignoramos? Devemos mudar nossos hábitos e escutarmos todos a essa mulher? Será que Ele mesmo a escolheu e a preferiu a nós?"[9]

Por este texto fica a impressão muito clara de que Jesus partilhava com Madalena de alguns "segredos" que ele não trazia aos apóstolos. Verdade ou fantasia? Isto jamais saberemos pelos menos enquanto estivermos neste Mundo de Provas e expiações.

Penso que já podemos tentar uma resposta sobre a pergunta inicial: qual seria a relação entre Jesus e Madalena? Depois do livro de Dan Brow, intitulado *O código Da Vinci*, surgiu uma grande quantidade de livros tratando uma questão sobre o possível relacionamento carnal entre Jesus e Madalena, que, de tempos em tempos, volta à baila.

A tese do livro de Dan Brown, que, por certo, foi colhida na obra de Richard Leigh e Henry Lincoln intitulada *O santo graal e a linhagem do sagrado*, em linhas gerais é a seguinte: Jesus e Madalena eram casados e, depois da desencarnação de seu mestre no Gólgota, juntamente com Lázaro, Marta, José de Arimateia e uma jovem de pele escura e aparência egípcia, chamada Sara, chegaram ao Sul da França e começaram a pregar o Evangelho. Maria, que estava grávida de Jesus, tem um filho, o qual, mais tarde, fundará a Dinastia dos Merovíngios, dando início à linhagem sagrada. Diz também a obra em questão que o Santo Graal, o cálice da última ceia no qual Arimateia teria colhido o sangue de Jesus, outras coisa não era senão a própria Maria Madalena em cujo útero estava a semente do Cristo. A trama do romance complica-se ainda mais com a introdução de sociedades secretas ou fechadas como o

[9] *Evangelho de Madalena*. Tradução de Jean-Yves Leloup. p. 37.

Priorado do Sião e o Opus Dei. Acrescenta-se ainda assassinatos, perseguições policiais e segredos a serem revelados no final muito comuns ao romance policial de mistério.

É possível acreditar em uma história como esta? A minha resposta é não e por quê? Para dar uma resposta a esta nova indagação seria interessante discutir qual seria o sentido da palavra amor. De nosso ponto de vista amor é uma forma da energia divina, voltada para a vida. Como força cósmica o amor é a energia que mantém o Universo em funcionamento e une todas as coisas, provocando a harmonia universal.

Entre nós, espíritos imperfeitos, esta energia toma a forma de erotismo e se concentra no baixo ventre para fins de procriação e, assim, se confunde com a paixão e o sexo sem, entretanto, abandonar a função criadora. Este tipo de amor, contudo, pode ser sublimado e é a causa de grandes obras de arte e magníficos feitos humanos em favor do próximo. Não nos esqueçamos de Madre Teresa de Calcutá que foi a aprova evidente daquilo que o amor pode realizar.

Um outro aspecto interessante que não podemos perder de vista é que o sexo, enquanto função procriativa ou hedonística é próprio do estado evolutivo em que nos encontramos. Nos Mundos maiores o sexo depurado dos resquícios da animalidade torna-se amor e se manifesta de um modo mais sutil e elevado. Ora, sendo assim, Jesus, que era um espírito superior, já teria se liberado da pulsão sexual que nos é comum.

A tese de que Jesus tivesse sido amante carnal de Madalena ou de qualquer outra mulher torna-se inaceitável. Imagine um espírito como Jesus, rendido aos encantos físicos de Madalena, copulando com ela. Isto não possui o menor sentido. Além disto, como nos revelam os Evangelhos canônicos, Jesus sabia como e quando deixaria esta vida e que não viveria muito na carne. Sendo assim, seria muita irresponsabilidade sua deixar um filho aqui para outros criarem e Jesus não era irresponsável.

32 O QUE SÃO OS EVANGELHOS APÓCRIFOS?

A palavra apócrifo deriva do grego *apo kripto* que significa "coisa escondida, oculta". Na cultura clássica (greco--romana) esta palavra servia para designar os livros que eram usados, exclusivamente, pelos adeptos (iniciados) de uma determinada seita ou mistério) e que, por isso, deveriam ficar ocultos aos olhos do grande público. Como exemplo deste tipo de livro, temos os livros romanos chamados *Sibilinos* e o *Jus pontificum.* Tempos mais tarde esta palavra veio a significar livros de conteúdo duvidoso cuja autenticidade era impugnada por uma autoridade determinada.

A Igreja católica chamou de apócrifos os textos cujo autor (ou autores) eram desconhecidos e que desenvolviam temas ambíguos ou incomuns, embora se apresentassem como sagrados. Por este motivo, este tipo de texto veio a significar livros pouco confiáveis ou sob a suspeição de heresia e, por isso, não recomendáveis para a leitura de uma membro da Igreja Católica Apostólica Romana. Foi em razão deste problema que mais tarde surgira o *Index Librorum Proibitorum* ou lista dos livros proibidos, ou seja, livros que os católicos não devem ler. Os livros aceitáveis em geral levam no seu frontispício a expressão latina *nihil obstat* que significa "nada impede ou obsta a leitura".

Em termos de literatura apócrifa existem textos escritos por autores pagãos, por judeus e cristãos. Assim, no espaço especificamente judaico cristão, existem apócrifos do *Novo* e *Velho Testamentos.* Neste capítulo, vamos nos interessar apenas pelos apócrifos do Novo Testamento.

Não é fácil de se precisar com alguma segurança o conceito de Apócrifos do Novo Testamento em razão de se ter dado a este termo, ao longo do tempo, um significado muito amplo que faz com que sob esta rubrica exista uma grande quantidade de textos variados e, muitas vezes, discordantes entre si.

Normalmente a noção de Apócrifo se encontra intimamente relacionada com a noção de Evangelho canônico, ou seja, Evangelhos aprovados pela Igreja católica em número de quatro: Mateus, Marcos Lucas e João. Deste ponto de vista, podemos considerar como apócrifos todos os textos que desenvolvem temas semelhantes aos dos livros canônicos e que se arrogam o direito de se equipararem aos Evangelhos que a Igreja Católica tem como inspirados. Este atitude, porém, não foi bem recebida pelo clero católico e tais textos continuam a ser postos fora do cânon.

No *Evangelho de Lucas*, existe uma passagem que possui um particular interesse para o nosso tema. Vamos vê-la:

> Visto que muitos têm empreendido fazer uma narração coordenada dos fatos que entre nós se realizaram, segundo no-los transmitiram os que desde o princípio foram testemunhas oculares e ministros da palavra, e também a mim, depois de haver investigado tudo cuidadosamente desde o começo, pareceu-me bem, ó excelentíssimo Teófilo, escrever uma narrativa em ordem, para que conheças a verdade das coisas em que foste instruído (*Lc.*, I:1-4).

Este texto nos deixa muito claro que, já no tempo em que viveu o evangelista, havia muitos textos sobre Jesus, textos esses em que ele investe, estuda e analisa para escrever o seu. Parece que ele não está se referindo apenas aos dois textos, Mateus e Lucas, mas a muitos outros que, mais tarde, serão considerados apócrifos.

O grande padre e erudito Orígenes, que viveu nos primeiros tempos da Igreja, ao ler esta passagem teve sobre ela a seguinte opinião: havia já no tempo de Lucas uma grande quantidade de

Evangelhos, mas compostos por pessoas que não estavam inspiradas pelo Espírito Santo (*Qui absque gratia Spiritus Sanctus adscribenda evangelia prosiluerunt*)[10] e que, em virtude disto, estavam destituídos de toda e qualquer autoridade. Esses livros, ressalta Orígenes, estavam, sobretudo, nas mãos dos hereges.

Outros padres da Igreja Católica dos primeiros séculos, como Clemente de Alexandria e São Irineu já sabiam deste textos sobre Jesus e, inclusive, não demonstraram o rigor com que Orígenes os trata.

Foi no século IV depois de Cristo que o cânon se tornou definitivamente fixado e, com isso, o conceito de apócrifo também ficou claramente estabelecido. Euzébio de Cesareia em sua *História Eclesiástica* (III:25) faz referências a esses textos e considera como apócrifos os seguintes:

- ✓ Os *Atos de Paulo*
- ✓ O *Pastor de Hermas*
- ✓ O *Apocalipse de Pedro*
- ✓ A Carta atribuída a Barnabé
- ✓ A *Doutrina dos apóstolos*
- ✓ O *Apocalipse de João*.

Na coleção dos livros apócrifos existem textos que se referem à vida de Cristo e os que tratam de outros assunto. Aqui vai nos interessar apenas aqueles que se referem ao Cristo. Conforme Aurélio dos Santos Otero, são eles:

Ao primeiro grupo pertencem os apócrifos de origem cristã que trazem dados da vida de terrena Jesus, apresentam-se ao mesmo tempo como textos do Velho Testamento pretendendo, com isso,

[10] Orígenes. *Homilia*. In *Lc*. I. p. 13, 1801.

ganhar maior autoridade. Como exemplos destes textos temos: *O livro de Enoch*, *O testamento dos doze patriarcas*, *O apocalipse de Baruch*, *As odes de Salomão* e *A ascensão de Isaías.*

Em segundo lugar está uma série de textos, a maioria de origem gnóstica ou maniqueísta que colocam nos lábios de Jesus doutrinas próprias do gnosticismo ou do maniqueísmo sobre a criação (cosmogonia) e o fim do mundo (escatologia). Estão neste caso a *Pistis Sophia e o Livro de João.*

Os Evangelhos apócrifos propriamente ditos

Neste grupo estão obras que são claramente uma tentativa de reescrever os Evangelhos com objetivo de preencher lacunas que se encontram nos canônicos. Pertencem a este grupos:

✓ ***Textos fragmentários***

Como o próprio nome indica, nessa coletânea estão textos incompletos de escritores eclesiásticos dos primeiros séculos. Há pouco tempo descobriu-se um conjunto de textos escritos em papiros que é uma coleção de ágrafa ou ditos do Senhor que estão presentes nos Evangelhos canônicos.

✓ ***Apócrifos da natividade***

Estes são os Evangelhos que tratam do nascimento de Jesus e da vida de Maria de Nazaré e de seu esposo José. Estão neste caso: *O Protoevangelho de São Tiago*; *Evangelho do pseudo Mateus* e *O Evangelho da natividade de Maria.* Esses dois últimos são, em verdade, derivados do primeiro.

✓ ***Apócrifos da infância***

O primeiro texto desta coleção é o *Pseudo Tomé* grego que o núcleo básico deste ciclo que inclui *O Evangelho árabe da infância e a história de José, o carpinteiro*. A estes se pode acrescentar mais dois textos: *O Evangelho armênio da infância e o Evangelho latino da infância.*

✓ ***Evangelhos apócrifos da Paixão, descida de Cristo aos infernos e a ressurreição de Cristo.***

Nesses escritos sobre a paixão de Jesus Cristo, sua morte e ressurreição, podemos incluir: O antiquíssimo fragmento de *Akhmîn, o Evangeho de Pedro, o Ciclo completo em torno de Poncius Pilatos e o Evangelho de Barnabé.*

✓ ***Apócrifos da ascensão de Maria***

Em torno da ascensão de Maria existe uma grande quantidade de textos dos quais destacamos *O Livro de João, o evangelista, A homilia de João da Tessalônica e a Narrativa de José de Arimateia.*

✓ ***Cartas de Jesus***

Esta suposta correspondência levanta dúvidas sobre a frase tradicional: Jesus nada escreveu. Os textos deste grupos são: *Correspondência entre Jesus e Abgaro e a Carta de Domingo.*

✓ ***Os apócrifos gnósticos de Nag Hammadi***

Em dezembro de 1945, nas imediações de Nag Hammadi, no Alto Egito, um camponês árabe descobriu um conjunto de textos de origem gnóstica que ficou conhecido como a biblioteca de Nag Hammadi. Dentre esses textos selecionamos a versão integral dos Evangelhos coptas de Tomé e de Filipe.

Posto que a Igreja haja condenado estes tipo de texto, não devemos colocá-los de lado como alguma coisa perigosa ou mesmo como um conjunto de mentiras e de fantasias. Não é bem assim. Em verdade, esses registram narrativas simples e singelas nascida no seio do povo e consagradas pela tradição, algumas das quais chegaram a nossos sem que saibamos a origem, como:

→ O Nome da mãe (Ana) e do pai (Joaquim) avós maternos de Jesus.

→ O Nascimento de Jesus em uma caverna e não na manjedoura.

→ A fuga para o Egito com o episódio dos ídolos pagãos que se esfarelam e caem de seus altares ante a presença da sagrada família.

→ A visita dos magos já com seus três nomes não bíblicos: Melchior, Gaspar e Baltasar.

→ A história dos dois ladrões: o bom (Dimas) e o mal (Gestas).

→ A história de Longinos, o soldado que lanceou o flanco de Jesus.

→ A história de Verônica que teria enxugado o rosto de Jesus quando ele caminhava pela *via crucis.*

→ A história das relações entre Madalena e Jesus (*Evangelho de Madalena*).

33 O QUE SÃO OS EVANGELHOS CANÔNICOS E AS SUAS CARACTERÍSTICAS?

Origem e significado da palavra Evangelho

Esta palavra deriva do grego *euaggelion* de onde nos veio a palavra latina *evangelium* e a palavra portuguesa *Evangelho.* Significava primitivamente a recompensa que se dava a um mensageiro que trouxe uma boa notícia, ou ainda a própria boa nova. Esta palavra foi usada desde o início da Igreja para indicar a boa-nova trazida por Jesus de Nazaré desde o começo de seu magistério, No *Evangelho de Marcos*, lê-se: "Ora, logo depois que João foi preso, veio Jesus para a Galileia, pregando o *Evangelho de Deus* (A boa-nova de Deus), e dizendo: 'O tempo está cumprido e é chegado o Reino de Deus. Arrependei-vos e crede no Evangelho'" (*Mc.*, I:14-15).

Este texto nos diz com clareza que a Boa-nova (Evangelho) anunciado aos homens por Jesus era a chegada próxima do Reino de Deus ou do Reino dos Céus: Aproxima-se o Reino de Deus. Esta mensagem, como já vimos em outra parte deste livro, tornar-se-á o centro mesmo da mensagem do Cristo.

Depois deste primeiro anúncio surgiu o desenvolvimento do conceito de boa-nova mediante aos ensinamentos e aos exemplos dado por Jesus ao longo de sua vida terrena. Depois de tudo isto, veio o termo a ser aplicado no sentido de anúncio da era de salvação, já realizada e cumprida. É por isso que, na carta aos Colossenses (I:23) Paulo de Tarso se apresenta como ministro da boa-nova. Coisa muito semelhante dirá o evangelista Lucas ao se proclamar servo da palavra (*Lc.*, I:2).

Jesus havia pedido a seus apóstolos que fossem pelo mundo e pregassem o seu Evangelho e assim foi feito, depois da partida de Jesus para o Mundo maior, mas de modo exclusivamente oral, que os gregos chamavam de *catequese*, que se poderia traduzir como *ressonâncian* porque consistia em fazer ressoar a voz na presença dos discípulos. Em grego, catequese se diz ***katechéo***. Este também foi o método de que Jesus se valeu em suas pregações uma vez que nada deixou de escrito, exceto as cartas apócrifas as quais já nos referimos e cuja autenticidade é posta em dúvida.

Naturalmente não era possível que a catequese permanecesse por muito tempo oral. As pregações feitas no mundo judaico, em Roma e na Grécia, na Ásia menor e em outras partes do mundo onde as línguas eram diversas, exigia que o discurso oral cedesse lugar, ou pelos menos convivesse com o texto escrito. Já se sabe que no sexto decênio do século I já haviam textos escritos cujo conteúdo era a boa-nova e que esses escritos segundo o testemunho de Lucas eram muitos. A partir de então, o Evangelho passa a ser pregado de forma oral e na forma escrita.

Com a continuidade da evangelização e o crescimento da comunidade cristã, a boa-nova não foi apenas o anúncio oral da salvação, mas também o texto escrito que continha este anúncio e o continente (a mensagem) foi designado com o nome do conteúdo (Evangelho) e pôde ser ouvido e lido.

Seria interessante lembrar que, embora a catequese escrita fosse relevante, ele não pretendia eliminar a catequese oral. Isto porque a do discurso oral era muito mais viva e dinâmica do que a escrita. Euzébio de Cesareia conserva em sua *História eclesiástica* um texto de Papias de Hierápolis em que se encontra a seguinte afirmação: "Eu julgava que as coisas contidas nos livros não me teriam alegrado tanto como as coisas comunicadas em viva voz e permanente." (III. XXXIX:4) Aqui Papias parece de opinião que a pregação oral seria mais interessante (para ele) do que a leitura dos livros.

Entre os escritores cristãos do século II o termo Evangelho é tomado em dois sentidos. Algumas vezes, conserva a ideia primitiva da salvação do homem por Jesus Cristo como também se encontra em Irineu (Adv.haer IV:37-4), mas o mesmo Irineu e antes dele Justino, o Mártir (Apologia I:66), usaram o termo para designar os escritos que formam o Evangelho tal como o conhecemos hoje. O Herético Marcion, por volta de 140 AD dá o nome de Evangelho a sua obra derivada do *Evangelho de Lucas*, naturalmente adaptada às suas doutrinas, como se pode ver em Tertuliano. (Adv Marcion IV:2).

A esta altura de nossa exposição cabe uma pergunta: qual seria o principal assunto da catequese oral ou escrita? Segundo o padre erudito italiano Giuseppe Ricciotti em sua *Vida de Cristo* (p. 108), o tema central seria o próprio Jesus Cristo, sua vida, sua pregação e sua morte. Assim, a primeira atitude do recém-convertido ao Evangelho seria tomar conhecimento dos atos e palavras de Jesus. Em verdade, uma pessoa à época não seria considerada cristã se não soubesse o que

Cristo havia feito, que doutrinas ensinara, que ritos foram instituídos por ele, que provas havia da autenticidade de sua missão. O apóstolo dos gentios reforça a necessidade de se conhecer Jesus primeiro ao escrever para os romanos: "Como invocarão aquele a quem não acreditam? Como crerão naquele de quem não ouviram falar? Como ouvirão se não houver quem pregue?"

Entre os primitivos cristão havia espíritos que reencarnaram para pregar a palavra de Jesus Cristo. Estes espíritos especiais foram chamados "boa-novistas" (evangelistas). Estes arautos iam à frente abrindo caminho para facilitar a entrada da semente do Evangelho no coração dos homens ao contar como havia sido a vida do Nazareno. Referindo-se a esses carismas dos quais participavam esses pregadores, escreve Paulo:

"Porque a um é dada pelo Espírito a palavra da sabedoria; a outro, pelo mesmo Espírito, a palavra da ciência; a outro, pelo mesmo Espírito, a fé; a outros, pelo mesmo espírito, os dons de curar; a outro, a operação de milagres; a outro, a profecia; a outro, o dom de discernir espíritos; a outro, a variedade das línguas.[11]

Sobre esses primeiros pregadores anotou Euzébio de Cesareia:

> Lançavam somente os fundamentos da fé em alguns lugares estrangeiros (*Ef.*, II:19-20); depois estabeleceram ali pastores e lhes confiavam a solicitude do culto daquilo que eles acabavam de iniciar. Em seguida, partiam para outros países e outras nações com a graça e o auxílio de Deus, pois ainda as numerosas e maravilhosas forças do Espírito divino operavam por meio deles. Assim, desde a primeira audição, as multidões em bloco, como um só homem

[11] Primeira Carta aos Coríntios, XII:8-10. Observe o leitor espírita que o que Paulo chama de carismas nada mais é do que a mediunidade.

acolhia espiritualmente de bom grado e piedade para com o Criador de todas as coisas.[12]

Esta descrição que acabamos de ler se adequa perfeitamente ao trabalho de Filipe, único evangelista mencionado em um Novo Testamento (*At.*, XXI:8) que havia evangelizado a Samaria e outras regiões. Foi em função do trabalho de Filipe que Pedro e João tiveram que ir à Samaria, onde se deu o famoso encontro entre Pedro e Simão, o mago.

Toda esta catequese deu origem ao material que, mais tarde, formará os chamados Evangelhos canônicos ou aquele que foram oficialmente aceitos pela Igreja como inspirados pelo Santo Espírito. Estes Evangelhos tinham, em grego, língua em que foram escritos, os seguintes nomes *Euaggelion katá Mateus, katá Marcos, Katá Lucas e Katá João.* Esta palavra, *katá,* dever ser traduzida como a conjunção subordinada conformativa, *segundo.* Assim se deveria ler: Evangelho segundo Mateus, Marcos, Lucas e João.

A conjunção segundo, dá-nos a certeza de que esses textos não foram escritos pelos apóstolos, mas por discípulos destes que, ouvindo a catequese de seus mestres passaram-nas para a língua escrita. Acredito que já podemos dar início ao estudo dos canônicos, a partir do texto de Mateus, considerado pela tradição como o primeiro dos Evangelhos.[13]

1. O *EVANGELHO SEGUNDO MATEUS*

Desde o princípio do século II, foi atribuído a Mateus, apóstolo de Jesus que, antes, se chamava Levi e havia sido publicano, a primazia de ter sido o primeiro evangelista dentre os canônicos. Reforça

[12] Euzébio. *História eclesiástica*, III:37.

[13] Estudos modernos têm considerado que o *Evangelho de Marcos* precede ao de Mateus.

este ponto de vista Papias de Hierápolis que, mais ou menos ano 120, escreveu cinco livros que se intitularam *Explicações dos ditos (logion) do Senhor.* Nessa obra, Papias dá o seguinte testemunho: "Mateus coordenou em dialeto hebraico os ditos e depois cada um os interpretou como pôde." Outros autores da Antiguidade como Irineu de Lyon (Adv Haer. III:I-1); Tertuliano d'África (Adv Marcion IV:2) e Clemente de Alexandria (Stromata I:21) confirma de um modo geral as palavras de Papias. Não só estes testemunhos antigos, mas muitos outros da mesma época consideram o *Evangelho de Mateus* como o primeiro dos canônicos.

Segundo Papias, Mateus não se limitou apenas a coordenar os ditos de Jesus, mas também procurou dar-lhes uma certa ordem. Mateus ou quem escreveu este Evangelho sabia muito bem que os críticos literários antigos apreciavam, sobremodo, em uma obra literária, catequética ou não, a ordem. Para eles o trabalho do escritor possuía duas etapas: a primeira era encontrar um assunto ou tema e, depois, colocar este assunto em ordem. É interessante destacar que os escritores antigos nem sempre optavam pela ordem temporal ou cronológica dos acontecimentos, mas pela ordem lógica em que estava baseada.

E o que era uma ordem lógica? Este tipo de ordenamento possuía um critério fundamental: analogia (semelhança) entre as diversas matérias quer na relação de causalidade; quer na relação tópica ou de lugar, quer na relação de pessoa e assim por diante. Papias, que também conhecia a obra de Marcos, afirmava que Marcos escreveu com exatidão, mas não com ordem.

Qual foi a fonte do *Evangelho de Mateus*?

Quando o antigo publicano deu início a seu trabalho ele era, por força do ofício, um homem acostumado a ler e a escrever, possuindo também conhecimentos de aritmética. Excetuando-se talvez Tiago e João, os filhos de Zebedeu, que provinham de uma família abastada e deveriam ter tido uma boa educação, os outros apóstolos possuíam apenas rudimentos de leitura e de escrita. Assim, não é de se estranhar que, por moto-próprio ou por sugestão do próprio Jesus, ele houvesse se dedicado a colher as palavras de seu mestre e conservá-las por escrito. Testemunhas oculares das obras de Jesus (menos Marcos e Lucas), qualquer um deles poderia fazer a catequese oral, porém, do grupo apostólico, Mateus nos parece ser aquele que teria mais condições de colocar em um texto com exatidão e ordem as coisas que ouvia do Nazareno.

O Modelo de catequese escolhido para ser escrito deve ter sido a pregação de Pedro cuja autoridade no colégio apostólico era muito grande a ponto de Paulo considerá-lo, com João, as colunas da Igreja. Com isso, entretanto, não se quer excluir ou desconsiderar outros elementos originados do grupo dos doze, mas que não pertenciam ao quadro original da catequese predominante. Em conclusão, acentua Ricciotti, a obra de Mateus resumiria o pensamento de todo o colégio apostólico embora se ativesse em suas linhas gerais à catequese de Pedro.[14]

A língua em que foi escrito o *Evangelho de Mateus*

Sabemos, com total certeza, que todo o Novo Testamento foi escrito em língua grega, entretanto, no caso de Mateus há que se fazer, aqui, uma ressalva. Papias nos diz que Mateus escreveu os seus ditos em língua hebraica, o que é confirmado por outros padres antigos como Irineu, Orígenes, Euzébio e Jerônimo. Diziam estes padres que o texto foi escrito em língua hebraica ou paterna. Sem maiores sombras de dúvidas, podemos afirmar que onde se lê hebraico se deveria ler aramaico, uma vez que na época desse Evangelho e mesmo bem antes, se falava o aramaico na Palestina. Em verdade, porém, tanto o

[14] Ricciotti. Op. cit. p. 115.

hebraico quanto o aramaico já não eram mais falados pelos judeus que viviam fora da Palestina e eram originários da diáspora,[15] mas o problema linguístico maior estava relacionado com os gentios que se convertiam e que apenas falavam o grego (koiné).

Assim, foi necessário que se traduzisse para grego o texto de Mateus. Quem realizou este trabalho nós não sabemos como também não o sabia São Jerônimo (340-420), entretanto, pode-se dizer que esta tradução apareceu alguns decênios depois do texto aramaico de Mateus quando o Cristianismo se expandia cada vez mais para o mundo gentio onde a língua de Israel era cada vez menos compreendida. Um estudo comparativo cuidadoso nos revela que esta tradução foi feita depois de já estarem circulando os Evangelhos de Marcos e de Lucas.

Escrevendo sobre esta tradução anotou Ricciotti:

> Efetivamente, o tradutor não limitou o seu trabalho a uma simples transposição de palavras de uma língua para outra. Procurou um certo desembaraço literário e não seguiu servilmente a letra, quer por esta razão, quer por ter, ao mesmo tempo, em vista a catequese prática. Já que, entretanto, tinham aparecido os dois Evangelhos de São Marcos e São Lucas, escritos originariamente em grego e refletindo mais diretamente as catequeses, respectivamente de Pedro e Paulo, o tradutor utilizou-os durante seu trabalho e, ao traduzir o texto semítico, aproximou-se, na escolha das expressões daquelas que encontrava já usadas em passagens paralelas dos dois novos Evangelhos gregos. Deste modo, imprimiu uma certa uniformidade literária a estes três documentos que refletiam a catequese, no fundo, única.[16]

---

[15] Dispersão dos judeus pelo mundo depois da queda do Templo de Jerusalém no ano 70 d.C.

[16] Ricciotti. Op. cit. p.116.

Quando Mateus teria escrito o seu Evangelho?

Esta é uma questão muito complexa sobre a qual muito pouca coisa de certo podemos dizer. De correto, devemos apenas aceitar o testemunho dos antigos que afirmam ter sido o *Evangelho de Mateus* o primeiro dos Evangelhos canônicos. Baseados nesta informação, podemos dizer que este Evangelho é anterior ao de Lucas, surgido no ano 62 e ao de Marcos escrito pouco antes do texto de Lucas. Para além disto temos somente hipóteses e probabilidades, mas não certezas.

Vamos nos lembrar de Lucas ao dizer que muitos haviam escrito sobre a vida de Jesus. Se tomarmos esta afirmação por verdadeira, podemos imaginar que uma das fontes usadas por esses escritores teria sido o *Evangelho de Mateus*. Ora, se o *Evangelho de Lucas* é de 62, Mateus deve ser anterior a ele. Com base nesta argumentação, Ricciotti acredita que a data deste Evangelho seria entre 50 e 55.

Análise interna do *Evangelho de Mateus*

Os modernos estudiosos dos textos evangélicos quando examinaram o *Evangelho de Mateus* chegaram à conclusão de que as notícias oferecidas pela tradição estavam corretas. Um outro fato importante da análise do *Evangelho de Mateus* é a percepção da existência de diversas palavras e expressões puramente semíticas. Entre muitos elementos tipicamente semitas deste Evangelho, destacamos uma que merece um comentário especial. Refiro-me à expressão Reino dos Céus que se encontra apenas em Mateus que, por certo, reproduz a expressão de Jesus em aramaico (*Malkuta dishemajja*) que se diz em hebraico *Malkuta shamajim.*

A origem desta expressão se deve a um eufemismo usados pelos rabinos para evitar usar o nome de Deus que era tido pelos judeus como um nome “tabuizado”. Vamos lembrar que, no Decálogo, há uma proibição de se falar em vão este nome sacralizado. Em outros

Evangelhos é usada a expressão Reino de Deus. A expressão Reino de Deus se encontra em Marcos cerca de 14 ou 15 vezes.

Qual seria o público-alvo de Mateus?

Por sua própria natureza não há como negar que o *Evangelho de Mateus* se dirige, principalmente, aos cristãos oriundos do Judaísmo. O seu objetivo é contar a historia da vida de Jesus, mas de um modo que lhe pareceu mais eficaz e apropriado para leitores que já conheciam a lei de Moisés e nela acreditavam. Assim, no *Evangelho de Mateus*, mais do que nos outros dois sinóticos, Jesus é mostrado como o Messias de Israel prometido no Velho Testamento e mais: ele deseja mostrar que em Jesus se cumpriram as profecias messiânicas antigas, principalmente as dos livros proféticos.

Do mesmo modo, a doutrina do Cristo é descrita levando em conta a sua relação com o Antigo Testamento e também com o farisaísmo que era o pensamento dos fariseus, a classe social e religiosa predominante no tempo de Jesus. Em face do Antigo Testamento, o Cristo de Mateus não revoga a lei de Moisés, mas sim busca aperfeiçoá-la. É o próprio Cristo quem diz: "*Eu não vim destruir a lei, mas dar continuidade a ela.*" Com respeito ao farisaísmo, o Jesus de Mateus é um crítico radical. Ele chama os fariseus de *raça de víboras* (XII:34); hipócritas (XXII:18); vaidosos e exibicionistas (XXIII:4-7); cegos (XXIII:26); serpentes (XXIII:33); matadores de profetas (XXIII:34). Essas afirmações criam um abismo infranqueável entre Jesus e os fariseus.

É também o Cristo de Mateus que faz referência à sua missão como voltada apenas para o povo de Israel (XV:24) e que a preparação dos apóstolos (enviados) deveria se relacionar apenas com Israel, excluindo os gentios e os samaritanos (X:5-6). As palavras gentios, goins, estão carregadas do desprezo que os judeus sentiam pelos não judeus. Estas expressões serão atenuadas ou mesmo eliminadas nos outros Evangelhos que se dirigiam aos gentios ou pagãos.

Apesar deste compromisso forte com o Judaísmo, o *Evangelho de Mateus* não deixa de ter um certo caráter universalista. Renan considerava, não sem motivo, que o *Evangelho de Mateus* deveria ser chamado de Evangelho da Igreja. É curioso notar que Mateus seja o único dos evangelistas a se valer da palavra igreja (XVI:18 e XVIII:17). Esta palavra Igreja é a que caracteriza a universalidade do Cristianismo.

2. **O *EVANGELHO DE MARCOS***

O segundo Evangelho

Este Evangelho é atribuído um judeu João Marcos cuja mãe se chamava Maria, moradora de Jerusalém. Não se deve estranhar que um judeu tivesse um nome helenizado, pois não era incomum, àquela época, dar aos filhos nomes greco-romanos. Jesus tem dois apóstolos com o nome grego: Philipe e André. Isto para não se falar em Nicodemos que é um nome puramente grego.

A casa de Maria, mãe de Marcos, era o lugar onde se reuniam os primitivos cristãos, o que mostra o envolvimento dela com o Cristianismo nascente. Foi ainda na casa desta mulher que Pedro se refugiou quando, no ano 44, foi libertado da prisão por um espírito do Senhor. Marcos era primo de um cipriota chamado Barnabé que se convertera ao Cristianismo e se tornara companheiro de Paulo de Tarso. Conta o Livro de Atos que Marcos teria sido o pomo da discórdia entre Barnabé e Paulo. Este querela se deu do seguinte modo.

Na primeira viagem de Paulo e Barnabé para a Antioquia, o segundo levou com ele seu primo. Tudo foi bem até que chegaram a Perges da Panfília. Ali Marcos decidiu que não prosseguiria na viagem e voltou para Jerusalém. Paulo ficou muito agastado com a atitude do rapaz. Na segunda viagem, quando Barnabé disse a Paulo que mais uma vez levariam Marcos, Paulo não concordou. Barnabé, então, rompeu com Paulo e partiu com Marcos para a ilha de Chipre.

Apesar disto, como compete a bons cristãos, Paulo e Marcos dez anos depois se reconciliaram e na Carta aos Colossenses Paulo escreveu:

> Saúda-vos Aristarco, meu companheiro de prisão, e Marcos, o primo de Barnabé, a respeito do qual recebeste instruções; se for ter convosco, recebei-o e Jesus, que se chama Justo, sendo unicamente estes os meus cooperadores no Reino de Deus, os quais têm sido para mim uma consolação.[17]

No espaço de tempo compreendido entre os anos 63 e 64, João Marcos se encontra em Roma que transmite de Babilônia (Roma) as saudações de seu filho Marcos (*1Pe.*, V:13). Dois anos depois, em 66 DC, vamos encontrar Marcos na Ásia Menor. Ficamos sabendo disto através de uma carta de Paulo a Timóteo, que se encontrava no Éfeso. Nesta epístola diz o Apóstolo dos gentios: – Toma contigo Marcos e trá-lo contigo, pois me é útil para o ministério.[18]

Marcos como intérprete de Pedro

Mais uma vez, como acontece com Mateus, vamos ter que nos valer de Papias de Hierápolis, citado por Euzébio de Cesareia cujo texto reproduzimos aqui:

> Também dizia isto o Presbítero: Marcos, feito intérprete de Pedro, escreveu com exatidão, mas sem ordem sobre tudo aquilo que se recordava das coisas, ou pronunciadas ou operadas pelo Senhor. Ele, de fato, não ouviu o Senhor nem com ele andou, contudo, mais tarde, como disse, aprendeu com Pedro. Este, segundo as necessidades, dava as instruções, mas sem procurar fazer a

[17] Paulo. Col. IV:10-11.

[18] Paulo. Segunda Carta a Timóteo, IV:11.

> coordenação dos ditos do Senhor. De modo que Marcos não incorreu em defeito algum ao escrever as coisas como as lembrou. Só em um ponto prestou atenção: Não omitir coisa alguma das que ouviu e a não mentir em nada.[19]

Em que sentido, porém, Marco deve ser chamado de intérprete de Pedro? A palavra intérprete que se diz em grego *hermeneutés* pode significar intérprete de palavras de palavras ou tradutor ou intérprete do pensamento, isto é, uma espécie de escrivão ou secretário. Ambas as possibilidades são válidas e têm os seus defensores. Ambas também podem ter acontecido como lembra Ricciotti: Pedro que vivera toda a sua vida na Palestina desconhecia o grego e o latim, conhecendo apenas o aramaico. Assim, em um primeiro momento, é perfeitamente possível que Marcos fosse o seu tradutor e em segundo momento, o seu secretário.

Ausência de coordenação em Marcos

Como já vimos, o *Evangelho de Marcos* é uma cópia fiel da catequese oral de Pedro e, em razão disto, não possui ordem uma vez que o Grande Pescador falava ocasionalmente segundo as necessidades de seus ouvintes, mas sem desejar fazer uma coordenação metódica ou completa das coisas ditas ou feitas por Jesus.

O *Evangelho de Marcos* possui dois pontos extremos: a aparição do Batista que introduz o batismo de Jesus (I:1-13) e a Ressurreição de Jesus (XVI:1-20). A leitura deste Evangelho nos revela que a cronologia dele é bastante vaga e do ponto de vista lógico ele é inferior a Mateus. Este descuido com respeito à ordem deve se dar, como já o dissemos, em virtude do modo como Pedro pregava e, falando aos pagãos deu mais importância ao pensamento de Jesus do que a seus dados biográficos. Marcos, por exemplo, não trata do nascimento de

[19] Euzébio. *História eclesiástica*, III:39, 15.

Jesus ou de sua infância, tendo início com Jesus já adulto e dando início à sua atividade pública.

Público-alvo

Este Evangelho tem por objetivo levar a palavra aos gentios de Roma onde estava Pedro. A sua forma estrutural objetiva, e quase abrupta, é muito adequada aos leitores de Roma cuja mentalidade era concreta, não muito dada às sutilezas filosóficas. Nesse Evangelho termos latinos são, às vezes, transliterados para o grego, como acontece com a palavra grega *paraitórion* que aparece em lugar do termo latino *pretorium*. (*Mc.*, CV:16.) A palavra helênica *kentyrion* toma a forma latina de *centurião*, que significa "oficial, comandante de uma tropa de cem soldados" (*Mc.*, XV:39).

Há também neste Evangelho explicações que só teriam sentido se o ouvinte ou leitores não fossem judeus como dizer que o Jordão era um rio e que o Templo de Jerusalém poderia ser visto do Monte das Oliveiras (*Mc.*, I:5; XIII:3); menciona que os fariseus faziam jejum e que os saduceus não acreditavam na ressurreição (*Mc.*, II:18 e XII:18); por fim, dizer que o cordeiro pascoal era sacrificado no primeiro dia dos pães não fermentados e que a preparação para esta festa era no dia antes da sábado.

Há também no *Evangelho de Marcos* como uma forma de metalinguagem para o gentio a explicação de diversas frases na língua da Palestina como: *Boanerges (filhos do trovão)* apelido que Jesus deu a João e a seu irmão Tiago; *tálitha* (menina donzela); *corban* (dádiva dedicada a Deus); *Éli, Éli lama sabahhthani:* Meu Deus, Meu Deus, Por que me abandonaste?

Data e local da composição

Conforme o testemunho dos antigos, o *Evangelho de Marcos* foi o primeiro publicado em Roma. Este evangelista estava em Roma durante a primeira prisão de Paulo. Depois ele teria ido para o Éfeso, pois como já tivemos a oportunidade de ver, no segundo encarceramento de Paulo, o Apóstolo dos gentios pede a Timóteo que venha a Roma e traga consigo Marcos. Assim, é muito provável que Marcos tenha escrito o seu Evangelho em Roma entre os anos 60 e 65.

Particularidades do *Evangelho de Marcos*

Embora este Evangelho tenha uma profunda semelhança com o de Mateus e o de Lucas, ele possui suas particularidades. Em primeiro lugar ele registra as emoções de Jesus em certos momentos de sua vida terrena. Ele fica contristado com a insensibilidade das pessoas que desejavam impedir que ele curasse um homem com a mão atrofiada em um dia de sábado (*Mc.*, III:5). Fica, a um tempo, admirado e triste quando não consegue realizar curas em Nazaré por causa das falta de fé dos nazarenos (*Mc.*, VI:6); sentiu compaixão pelo jovem rico que veio lhe perguntar sobre o modo de alcançar o Reino de Deus (*Mc.*, X:21).

São também exclusivos de Marcos certas informações sobre os últimos dias de Jesus na Terra. Ele diz:

- ✓ Que as testemunhas contra Jesus eram falsas e que não concordavam entre si. (*Mc.*, XIV:59.)
- ✓ O estrangeiro que ajudou Jesus a carregar a trave na subida para o Gólgota se chamava Simão de Cirene.
- ✓ Pilatos antes mandou certificar se Jesus estava morto antes de entregar seu corpo a José de Arimateia (XV:43-45).

3. O *EVANGELHO DE LUCAS*

Lucas é considerado o autor do Terceiro Evangelho e do *Livro dos atos dos apóstolos*. O nome Lucas parece ser uma abreviatura de Lucano. No Cristianismo primitivo, ele aparece como um amigo íntimo e inseparável de Paulo de Tarso. Possuía formação em medicina e, por isso, na sua carta aos Colossenses, Paulo o chama de o querido médico. (*Cl.*, IV:14). Diz a tradição que Lucas era também pintor que teria feito um retrato de Maria, a mãe de Jesus. Lucas teria nascido na Antioquia e, naturalmente, não era judeu, mas gentio. Era um bom conhecedor da cultura helenística. Devia também, além do grego, conhecer o latim.

Lucas teria se convertido ao Cristianismo algum tempo antes do ano 50. Não foi discípulo de Jesus e nem mesmo chegou a conhecê-lo. Pouco depois desta última data, vamos encontrar Lucas ao lado de Paulo na segunda viagem missionária (*At.*, XVI:10ss.). Muito provavelmente, Lucas acompanhasse seu amigo, mais como médico, uma vez que, à época, a saúde de Paulo não estava boa. Desde este momento, Lucas acompanha Paulo em quase todas as suas viagens apostólicas até a estada deles em Filipos, quando há uma separação mais ou menos longa. (*At.*, XVI:40.)

Cerca do ano 57, Lucas tornou-se a reunir a Paulo e acompanhou o amigo até Jerusalém. Durante a prisão de Paulo em Cesareia, naturalmente, Lucas não pôde estar com ele nos dois anos deste encarceramento (58-60), mas na viagem do amigo para Roma, ele estava presente no mesmo navio, participando das peripécias do percurso. Na primeira prisão de Paulo em Roma, lá estava Lucas ao lado dele como também na segunda prisão. Já perto de deixar esta vida, sofrido e preso, Paulo diz comovido a Timóteo: Só Lucas está comigo. (*2Tm.*, IV:11.)

A língua do *Evangelho de Lucas*

Como já o dissemos, Lucas era um helenista que dominava a língua grega com maestria. O seu prólogo muito elegante e bem escrito assemelha-se ao prólogo de Pedânio Dioscurídio em seu livro intitulado *Da matéria médica*. Pedânio era um colega de Lucas nascido na cidade de Tarso, a mesma em que havia nascido Paulo. Para que o leitor possa comparar os dois prólogos, deixamos aqui o de Pedânio:

> Uma vez que muitos, não só dos antigos, mas também dos modernos, ó excelente Areu, fizeram coordenações acerca da preparação, do poder e da prova dos remédios, vou tentar mostrar-te que a minha atitude nesta matéria não foi vã nem irracional.[20]

O grego de Lucas não é o grego clássico da Ática, mas o grego simplificado e popularizado nas cidades helenizadas chamado koiné. O seu texto, porém, mostra um escritor requintado que nada deve aos escritores helenistas. Assim, dizem os filólogos, que o grego de Lucas é superior ao dos outros evangelistas.

Outro detalhe interessante é o fato de se notar em seu Evangelho a influência de sua condição de médico. Um caso típico desta influência é o relato sobre a mulher hemorroíssa. Marcos nos diz que esta mulher estava doente havia doze anos e sofrera com muitos médicos e, depois de ter gasto todos os seus haveres, não conseguira nenhum alívio, antes havia piorado. (*Mc.*, I:25-26.) Lucas, para usar um expressão moderna, foi politicamente correto e não falou nem do tempo em que a mulher ficara doente, nem da incompetência dos médicos e muito menos do dinheiro que ela havia gasto inutilmente. (*Lc.*, VIII:43.)

Lucas apresenta Jesus como o sublime médico do corpo e da alma e isso se deve, muito provavelmente, à profissão que ele exercia. Apenas em Lucas Jesus é chamado de médico pelos habitantes de Nazaré (*Lc.*, IV:23). Em Lucas, Jesus é aquele que cura a humanidade doente, aquele que consola, aquele que perdoa, aquele que conforta os aflitos. Esta forma de discurso possui por certo um alto poder terapêutico. Quando alguém vinha a Jesus trazendo uma angústia em seu

[20] Apud. Ricciotti. p. 130.

coração, com a alma magoada pelas dores do mundo, Jesus o tranquilizava e em seguida realizava a cura. Mesmos os casos extremos como os dos pseudomortos vítimas, por certo, de um ataque cataléptico, ele curava fazendo o espírito voltar ao corpo.

Doenças da pele como a hanseníase; problemas de visão e audição; distúrbios do comportamento causados por espíritos impuros ou obsessores; Jesus atendia e curava. Em um livro famoso, intitulado *De monarchia*, Dante Alighieri, o autor de *Divina comédia*, definiu Lucas como o *Scriba da mansuetudinis do Christo* ou o *Escritor da mansuetude do Cristo*.

Data e lugar em que Lucas escreveu o seu Evangelho

Lucas escreveu o seu texto depois de Mateus e Marcos e isto é confirmado pela tradição, sendo, portanto, o último Evangelho sinótico. Assim, este Evangelho surgiu depois do de Marcos que não é posterior ao ano 61. Sabe-se também que Lucas escreveu o seu Evangelho antes de ter escrito os Atos dos Apóstolos em cujo prólogo se lê: "Fiz o primeiro tratado, ó Teófilo, de tudo quanto Jesus começou a fazer e a ensinar." (*At.*, I:1). Este primeiro tratado é, por certo, o seu Evangelho. O livro de Atos, segundo a maioria dos estudiosos, teria sido escrito em Roma antes de Paulo ser liberto de sua primeira prisão e, portanto, também antes da grande perseguição de Nero aos cristãos no ano 64. Logo o Evangelho deve ter sido anterior ao livro de Atos, embora por pouco tempo, e deve ter sido escrito também em Roma entre os anos 63 e 64.

É muito provável que este Evangelho tenha vindo à luz em Roma. Pode também ser dado como certo que Lucas conheceu e se valeu do *Evangelho de Marcos* que já circulava em Roma na época em que Lucas chegou ali. Como se vê, porém, o terceiro evangelista há muito vinha coletando material para escrever a sua vida e obra de Jesus Cristo. É possível que os dois anos que duraram a prisão de Paulo e o encontro com o texto de Marcos foram fatores positivos para Lucas começar e terminar o projeto que vinha acalentando.

A quem Lucas dedica o seu Evangelho

Lucas dedica o seu trabalho a um certo Teófilo que ele qualifica de *kratiste*, palavra grega que se pode traduzir por "excelentíssimo". Dedicar uma obra intelectual, poesia ou prosa, a uma pessoa que fosse considerada importante para o autor era uma prática relativamente comum entre os escritores antigos. O escritor judeu helenizado, Flávio Josefo dedicou as suas obras *Antiguidades judaicas* e *Contra Apionem* a um personagem chamado Epafrodito.

Não se pode crer que não houvesse intenção em Lucas que a sua obra possuísse mais destinatários e isso é verdade. De fato, ele se dirige aos pagãos convertidos provenientes em sua maioria vindos das igrejas fundadas por Paulo. Orígenes costumava afirmar que o *Evangelho de Lucas* se destinava aos gentios conversos. Do mesmo modo que o *Evangelho de Marcos*, ou mesmo influenciado por ele, Lucas dá explicações sobre o conteúdo de sua obra que seriam totalmente supérfluas se os seus leitores fossem judeus. Muitas vezes, ele parece desejar não ofender os gentios e em vez de dizer como Mateus (*Mt.*, V:47): "Não fazem isso também os gentios?" Diz: "Não fazem isso também os pecadores?" (*Lc.*, VI:33).

Quando se compara Lucas com Marcos nota-se que Lucas é bem maior. Lucas faz referência à anunciação, a dúvida de José com respeito à virgindade de Maria e a história de Jesus menino em Jerusalém discutindo com os doutores. Isto se deve às pesquisas que ele fizera e à provável entrevista com Maria de Nazaré.

O feminismo de Lucas

É digno de nota o espaço que Lucas, em seu Evangelho, concede às mulheres. Logo no capítulo oito do Terceiro Evangelho ele fala das mulheres que seguiam Jesus: "Logo depois disto,[21] andava Jesus de cidade em cidade, de aldeia em aldeia em aldeia, pregando e anunciando o Evangelho do Reino de Deus. Iam com ele os doze, bem como algumas mulheres que haviam sido curadas de espíritos malignos e de enfermidades: Maria, chamada Madalena, da qual haviam saído sete demônios; Joana, a mulher de Cusa, procurador de Herodes; Susana e muitas outras que o serviam com seus bens" (VIII:1-3).

Nem Joana nem Susana são nomeadas pelos outros evangelistas posto que fossem mulheres da alta sociedade judaica. Lucas ainda se refere a muitas outras, o que demonstra a participação feminina na obra do Cristo que, porém, teria sido minimizada ou ofuscada pela atividade dos apóstolos e discípulos.

Uma outra mulher, citada por Lucas, esta de suma dignidade e maior importância é Maria de Nazaré a Mãe de Jesus. Certas notícias como a anunciação; a reação de José; visitação de Maria a Isabel; Jesus com os doutores de Jerusalém; apenas Maria de Nazaré poderia saber e ser, desses fatos, informante. Lucas diz que Maria guardava todos essas palavras revolvendo-as em seu coração (II:51).

Em verdade não se sabe se Lucas conheceu Maria pessoalmente, entretanto, é bem possível que João, que se tornara seu filho adotivo depois da morte de Jesus, pode ter dado essas informações e muitas outras. Uma tradição muito antiga apresenta Lucas como pintor de um retrato de Maria, episódio este que foi multiplicado por muitas lendas piedosas. Segundo esta mesma tradição este retrato foi pintado com um cálamo e não com pincel. Todas essas informações, porém, não possuem validade histórica e não possuem documentos dignos de crédito.

Além dessas mulheres, Lucas ainda faz referência a outras personalidade femininas como: Isabel, mãe de João, o Batista; a profetiza

[21] Refere-se ao episódio da pecadora que ungiu os pés de Jesus (*Lc.*, VII:1-50).

Ana que se encontra apenas em Lucas; a viúva de Naim, a pecadora anônima; a mulher que possuía uma corcova; as irmãs de Lázaro, Marta e Maria e as mulheres da Via Dolorosa. Todas essas referências denotam a importância que Lucas dava às mulheres, valorizando-as de um modo bem diferente do que era comum à sociedade judaica de seu tempo.

O Evangelho dos Pobres

O *Evangelho de Lucas* é aquele que mais exalta a pobreza. Logo no início do seu Evangelho, Lucas recorda a humildade da mãe de Jesus e a sua pobreza que a fez ofertar ao templo duas rolinhas apenas. Ressalta a manjedoura tosca em que Jesus nasceu e a humildade dos simples pastores que foram os primeiros a ver a criança. Falando na Sinagoga de Nazaré Jesus aplica a si mesmo as palavras do profeta Isaías: "O Espírito do Senhor está sobre mim e por isso me enviou para evangelizar os pobres" (IV:8).

Referindo-se à extrema pobreza de Jesus, ele coloca nos lábios do Nazareno: "As raposas têm os seus covis, mas o filho do homem não tem onde repousar" (IX:58). Apenas Lucas faz referência às mulheres ricas que ajudavam o grupo do Cristo economicamente. A insistência na pobreza de Jesus em Lucas é tão grande que se pensou que o seu Evangelho tivesse sido influenciado pela seita dos ebionitas, um ramo de cristãos proveniente do judaísmo que possuía a pobreza como um ideal de vida.

4. O *EVANGELHO DE JOÃO* OU EVANGELHO DO *PNEUMA* (ESPÍRITO).

Biografia resumida de João Evangelista

O Nome João é hebraico e significa "Jeová foi Clemente". Era filho de Zebedeu e Isabel e irmão do Apóstolo Tiago que deveria ser mais velho que ele uma vez que, ao serem citados juntos, Tiago vem primeiro. Zebedeu casou-se com Salomé que pertencia à casa de Davi e possivelmente uma irmã carnal de Maria, mãe de Jesus.

A situação econômica de João era estável uma vez que seu pai era dono de uma empresa de pesca em sociedade com Simão Pedro. Em João, lê-se uma passagem em que se diz ter João recebido Maria em sua casa. Fica apenas uma dúvida com a expressão sua casa: trata-se da casa de seus pais ou de uma casa que o apóstolo possuía. Esta condição social da família de João possibilitou a Zebedeu dar a seus filhos uma boa educação judaica. Com certeza sabia ler e escrever o aramaico e talvez o hebraico. Conheciam as Escrituras como era natural a um judeu bem-educado. Por ter vivido fora de Israel por muito tempo deve ter aprendido a língua geral do mundo helenizado: o grego koiné.

Quando João e Pedro são levados à presença das autoridades judias (*At.*, IV:13) são chamados de indoutos e comuns. Isso não significa, porém, que fossem analfabetos, mas que não haviam frequentado uma escola onde ensinasse um rabino conhecido e autorizado pelo Templo.

João foi discípulo de João, o Batista, mas abandonou este logo que conheceu Jesus e seu mestre reconheceu no Homem o messias de Deus. Esteve nas bodas de Caná e presenciou Jesus transformar a água em vinho (II:1-12); foi testemunha da conversa entre Jesus e a Samaritana (IV:1-30) e muito provavelmente do colóquio entre Jesus e Nicodemos (III:1-20). Com Pedro e Tiago, João formava o trio mais íntimo de Jesus. Assim, estavam os três no Monte da Transfiguração (*Mt.*, XVII:1-2; *Mc.*, IX:2; *Lc.*, IX:28-29). Somente esses três apóstolos tiveram permissão de entrar com Jesus na casa de Jairo e assistir à volta à vida da filha deste (*Mc.*, V:37; *Lc.*, VII:51). Teve a grande honra de ser confiado a ele por Jesus Maria de Nazaré, que ele cuidou até a morte desta.

O que aconteceu com João depois da morte de Jesus

João esteve presente na chamada Ascensão do Senhor, na Assembleia composta de 120 discípulos quando, por sorteio, Matias foi escolhido para lugar de Judas Iscariotes, que tivera morte trágica; na manifestação de espíritos ocorrida no dia de Pentecostes e viu, naquele dia trezentas pessoas se incorporarem à Igreja nascente; junto com os outros apóstolos fez uma corajosa profissão de fé em Jesus Cristo no Sinédrio. (*At.*, V:27-32.) Assim, vemos João como um dos trabalhadores da primeira hora na obra de Jesus.

Depois da morte de Estevão teve início uma grande perseguição por parte dos judeus do Templo. Os apóstolos se espalharam em tarefa de difusão do Evangelho. João, entretanto, continuou em Jerusalém com Pedro e os demais apóstolos. Filipe indo para a Samaria fez um grande número de convertidos e João e Pedro vão para a terra dos samaritanos para auxiliar os novos discípulos a receber o Espírito Santo. No ano 49 de nossa era, João esteve presente na assembleia que discutiu o problema da circuncisão dos gentios (*At.*, XV:5, 6, 28, 29).

Enquanto Jesus ainda estava na Terra, ele afirmou que João sobreviveria a todos os apóstolos (*Jo.*, XXI:20-22). De fato, João ficou servindo a Jesus por cerca de mais 70 anos. Perto do final de sua vida, João foi exilado na ilha de Patmos por ter falado a respeito do Cristo e dele ter dado testemunho. Isto prova que ele continuou a sua tarefa luminosa até o ano 96, ano provável de sua morte, quando já estava bastante idoso.

A personalidade de João Evangelista

Uma leitura dos quatro Evangelhos que esteja preocupada em descobrir como era a personalidade de João vai revelar ao pesquisador que ele era uma pessoa emotiva, sentimental, arrebatada, muito religiosa e, na mocidade, um tanto irreflexivo. No começo do ministério de Jesus, o mestre deu a ele e a seu irmão o apelido de Boanerges que significa "filhos do trovão", no sentido de pessoas arrebatadas, dinâmicas, barulhentas como o trovão.

Como os samaritanos não se mostrassem propensos a receber Jesus, João e Tiago pediram ao Mestre que mandasse sobre os samaritanos o fogo do céu para aniquilá-los. Certo dia, João viu um homem que expulsava demônios em nome de Jesus e, imediatamente, proibiu que ele continuasse fazendo aquilo. Esta passagem possibilita a Jesus dar uma bela lição de ecumenismo.

Parece que João e Tiago ficaram receosos de perguntar a Jesus sobre a posição de ambos no Reino futuro e pediram a sua mãe que tocasse neste assunto com Jesus, Salomé atendeu o pedido e foi falar com seu sobrinho:

– Que desejas? – perguntou Jesus.

– Concede a estes meus dois filhos que ocupem um lugar no reino; um a tua direita e outro a tua esquerda.

– Não sabeis o que pedis, podeis beber o cálice que eu estou para beber? – perguntou Jesus.

– Podemos – responderam ambos.

– Meu cálice certamente haveis de beber, mas sentar-se à minha direita ou a minha esquerda não me pertence concedê-lo isto é para aqueles que estão preparados por meu pai.

O *Evangelho de João* – A questão da autoria

O Quarto Evangelho não menciona o seu autor, entretanto, é aceito, quase universalmente, que João, filho de Zebedeu, seja a pessoa que o escreveu. É possível provar pelas chamadas evidências internas a autoria deste Evangelho. Aqui vamos ver algumas dessas evidências:

→ O escritor do quarto Evangelho era um judeu, o que pode ser provado em razão de seu conhecimento do espírito judaico e a sua familiaridade íntima com as teses centrais do Judaísmo.

→ Deveria viver ou ter vivido na Palestina uma vez que capaz de mostrar pormenores de determinados lugares que só um morador da região poderia conhecer. Ele faz referência à Betânia do outro lado Jordão (*Jo.*, 1-28) distinguindo-a da Betânia de Jerusalém (*Jo.*, XI:18).

→ Diz que no lugar onde o Cristo foi sacrificado havia um jardim e um túmulo memorial novo (*Jo.*, XIX:41).

→ Conta que Jesus falou no lugar onde ficava a tesouraria do Templo (*Jo.*, VIII).

→ Revela que era inverno e Jesus estava andando na colunata do Salomão.

→ O modo como escreve o autor do Evangelho indica com clareza que ele fora uma testemunha ocular das coisas que narra: cita o nome de pessoas que disseram ou que fizeram certas coisas; entra em detalhes sobre a hora em que se deram estes fatos.

O escritor era apóstolo de Jesus

Ninguém, exceto um apóstolo que esteve presente aos eventos que narra, poderia dizer coisas como:

✓ Jesus faz uma pergunta a Filipe para prová-lo uma vez que ele mesmo sabia o que ia fazer (*Jo.*, VI:5-6).

✓ Jesus sabia que os seus discípulos intimamente estavam resmungando (VI:61).

✓ Ele sabia de todas as coisas que lhe sobreviriam (XVIII:4).

✓ Afirma que Jesus havia ficado intimamente aflito (*Jo.*, XI:33).

✓ O escritor também estava familiarizado com as ideias e impressões dos apóstolos, algumas das quais estavam erradas e foram corrigidas posteriormente (II:21; XXII:11-13); XII:16; XIII:28; XX:9; 21:4).

João seria o apóstolo a quem Jesus amava

Este é o nome que o autor do quarto Evangelho dá a si mesmo. Temos, agora, que provar que este discípulo era, de fato, João. Havia três apóstolos que eram os mais próximos de Jesus: Tiago, Pedro e João. No tempo em que o Evangelho foi escrito, Tiago já havia sido morto por volta do ano 44 a mando de Herodes Agripa, Pedro deve ser excluído pelo fato de seu nome ser indicado junto ao do discípulo amado. Resta-nos, então, apenas João.

Autenticidade do quarto Evangelho

Em primeiro lugar, deve-se deixar claro que este Evangelho já havia sido aceito como autêntico pelas primeiras comunidades cristãs. As epístolas de Inácio de Antioquia que viveu em 110 da nossa era possuíam claras indicações de que ele havia usado o Evangelho de João. O mesmo se pode dizer de Justino, o Mártir que pertenceu a uma geração depois de Inácio. Este texto e encontrado nos códices mais importantes das Escrituras greco-cristãs. Assim, fica certo que não há muito que criticar a tese de autenticidade deste Evangelho.

Quando este Evangelho foi escrito

Parece ser um fato histórico que João já havia sido solto de seu exílio na ilha de Patmos e se achava no Éfeso ou perto desta cidade por volta do ano 98 d.C. É também um fato certo que o imperador romano Nerva (96-98) fez que retornassem muitos dos que haviam sido exilados por Domiciano e, não é improvável, que João estivesse entre esses indultados.

João estava com cerca de 90 ou 100 anos quando escreveu o seu Evangelho ou o ditou para um escrevente desconhecido por nós.

Também não padece dúvidas o fato de João conhecer os três sinóticos que lhes são anteriores, o livro dos Atos e as cartas de Paulo, Pedro, Tiago e Judas. Assim, ele tivera a oportunidade de ver as obras fundamentais sobre Jesus e a sua doutrina e, por isso, decidiu fazer uma obra diferente das anteriores, e também não é improvável de todo que esta obra seja em parte mediúnica, daí ser chamada de Evangelho do Pneuma ou do Espírito.

34 É POSSÍVEL HAVER UMA VIDA DE CRISTO NO ANTIGO TESTAMENTO FORA DOS QUATRO EVANGELHOS?

Conforme Ricciotti, isto é perfeitamente possível. Apresentamos o esquema que este autor fez para comprovar esta possibilidade.

1. Jesus não foi um éon celeste, mas um homem (*Rm.*, V:25).
2. Jesus foi nascido de uma mulher (*Gl.*, IV:4).
3. Jesus era descendente de Abraão (*Gl.*, III:16) por meio da tribo de Judá (*Hb.*, VII:14) e da casa de Davi (*Rm.*, I:3).
4. Sua mãe se chamava Maria (*At.*, I:14).
5. Ele se chamava o Nazareno (*At.*, II:22) ou o de Nazaré (*At.*, X:38).
6. Tinha irmãos (*1Co.*, IX:5), um dos quais se chamava Tiago (*Gl.*, I:19).
7. Era pobre (*2Co.*, VII).
8. Manso / humilde (*2Co.*, X:1).
9. Foi batizado por João Batista (*At.*, I:22).
10. Escolheu discípulos com os quais vivia em convívio íntimo (*At.*, I:21-22).

11. Doze deles foram chamados de apóstolos e a este grupo pertencem entre outros, Cefas, ou Pedro, e João (*1Co.,* IX:5; XV: 5-7; *At.,* X:38).
12. Em vida fez muitos milagres (*At.*, II:22) e passou a sua existência fazendo o bem (*At.,* X:38).
13. Um dia apareceu aos discípulos gloriosamente transfigurado (*2Pe.,* I:16-18).
14. Foi entregue aos sacerdotes por Judas Iscariotes (*At.,* I:16-19).
15. Na noite em que foi entregue instituiu a eucaristia (*1Co.,* II:23-25).
16. Na sua agonia, orou ao Pai (*Hb.,* V:7).
17. Foi ultrajado (*Rm.,* XV:3) e preterido por Barrabás (*At.,* III:14).
18. Padeceu sob o poder de Herodes e Poncius Pilatos (*1Tm.,* VI: 13; *At.*, III:13; IV:27; VIII:28).
19. Foi crucificado (*Gl.,* III:1; *1Co.,* I:23; *At.*, II:36, fora dos muros da cidade (*Hb.,* XII:2; foi sepultado (*1Co.,* XIV:4; *At.,* II:29; XIII:29).
20. Ao terceiro dia ressurgiu dos mortos (*1Co.,* XIV:4; *At.*, II:29; X:40; XIII:31 e subiu ao céu (*Rm.,* VIII:34; *At.*, I:2, IX:10, II:33-34).[22]

[22] Ricciotti. Op. cit. p. 106.

35 QUAIS SÃO AS FONTES NÃO CRISTÃS DA EXISTÊNCIA DE JESUS?

Fontes judaicas

Depois que houve a queda do Templo de Jerusalém e o fim do antigo Estado de Israel, o que se deu no ano 70, quarenta anos depois da morte de Jesus, a religião naquela parte do mundo passou a ser representada apenas pela corrente farisaica. Os fariseus, como era de seu hábito, consagraram-se inteiramente a recolher e perpetuar a tradição oral que juntamente com o Antigo Testamento fora o único patrimônio que restara do Judaísmo. Os intelectuais, doutores e escribas que se dedicaram a esta tarefa foram chamados tanaítas.

Depois dos tanaítas, entregaram também a esta tarefa os chamados amorreus cuja atividade se prolongou até o século V. Aos tanaítas se deve o código denominado *mishna* e aos amorreus, os comentários desse mesmo código. Da junção da *mishna* e dos seus comentários teve origem o *Talmud*, nas suas recensões: a Palestinense e a babilônica. No *Talmud* havia um grande quantidade material anterior à destruição do Templo, entretanto, este material era oral e confiado à memória dos eruditos. Só entre os séculos V e VI que ele assumiu a forma escrita. Tomando-se por base este material, pode-se fazer uma espécie de biografia resumida e, naturalmente, pouco simpática aos cristãos de Jesus de Nazaré. Esta vejamos esta biografia talmúdica:

> Jesus, o Nosri (o Nazareno), nasceu de uma pobre mulher chamada Maria. O marido desta mulher se chama umas vezes Pappos, filho de Judas e, outras vezes, Stada, embora se encontre com este mesmo nome, a própria mulher. O verdadeiro pai de Jesus foi um certo Pantera.[23] Por este motivo aparece Jesus ora como filho de Pantera

[23] Esta afirmativa merece de nossa parte algum comentário. Este nome que aparece também com as variantes *Panteri*, *Pantori* e *Pantera* possui a seguinte explicação.

> ora como filho de Stada. Refugiado no Egito, Jesus estudou magia com Josué, filho de Peráquia. Regressando à pátria e repelido pelo seu mestre, Jesus exerceu a magia desorientando o povo. Por esta razão foi condenado à morte. Antes da condenação se executar, foram esperados 40 dias, durante os quais um arauto convidava toda a gente a expor qualquer justificação a favor do réu. Não tendo se apresentado pessoa alguma, o condenado foi lapidado[24] e depois ligado ao patíbulo em Lida, no dia da preparação para a Páscoa. E agora se encontra no gehenna[25] mergulhado em lama fervente.

Há ainda no *Talmud* uma anedota muito significativa no que diz respeito ao modo desrespeitoso com que os judeus tratavam Jesus. A narrativa é assim: Alguns discípulos pediram ao Rabi Josué, filho de Ananias que viveu por volta do ano 90 de nossa era:

– Rabi, conta-nos uma coisa fabulosa.

– Era uma vez uma mula que teve um filho e puseram sobre este uma etiqueta que deveria herdar da família paterna 100.000 zuz[26] – começou o Rabino a narrar.

– Espere aí, Rabi, a mula é estéril e, assim, não pode parir – objetou alguém.

– Mas isto é uma fábula – respondeu o Rabino.

– Rabino, se o sal se tornar insípido com que se há de salgar? – voltaram a lhe perguntar.

Os judeus, por certo, ouviram falar que Jesus tinha sido filho de uma virgem que se diz em grego *parthérnou*. Assim, o nome comum foi transformado em nome próprio e de um adjetivo aplicado à mãe tornou-se nome do suposto pai de Jesus.

[24] Morto a pedradas.

[25] Lugar escatológico para onde, conforme os mais antigos textos rabínicos, iam depois da morte os pecadores impenitentes.

[26] Nome de uma antiga moeda judaica.

– É simples, com a placenta de uma mula.

– Mas a mula é estéril e não possui placenta – ponderaram eles.

– E o sal pode se tornar insípido – perguntou ele.

Estas duas anedotas se referem de modo bastante desrespeitoso a Maria e Jesus, a mula e seu filho. A referência ao sal se encontra em Mateus (V:13). Os judeus consideravam tanto a virgindade de Maria quanto o sal como verdadeiros absurdos como a mula ter filho e placenta. Embora essas anedotas sejam ofensivas por um lado, por outro deixa claro que Jesus existiu e realizou um trabalho que incomodou os homens do Templo, dando origem a uma tradição agressiva sobre Jesus que continuou até o século VI.

O testemunho de Flávio Josefo

Flávio Josefo foi um sacerdote de Jerusalém, filho de Matias que nasceu entre os anos 37 e 38 da era cristã. No ano 66 aconteceu uma revolta dos judeus contra os romanos na qual Josefo teve um papel saliente, liderando as tropas que enfrentaram o inimigo na Galileia. Depois de algumas derrotas, perdendo o moral, Josefo se entregou ao general romano que outro não era senão o futuro imperador Vespasiano. O vencedor tomou-se de simpatia por ele e o fez seu escravo. Destruída Jerusalém, Josefo foi levado para Roma por Tito, filho de Vespasiano, que será imperador mais tarde. Liberto, Josefo assumiu o nome Flavius, que pertencia à gens (família) de seu Senhor. Em seguida, ele foi contratado para a função de historiador áulico.

Entre os anos 75 e 79, Josefo publicou uma obra intitulada *As guerras judaicas*, um relato cuidadoso da guerra contra os romanos na qual havia participado. Esta obra, inegavelmente, possui sérios e graves defeitos, entretanto, não se pode negar, a bem da verdade, que ela constitui um belo documento para se conhecer a vida política e social no tempo de Jesus. No período de tempo que compreende os anos 93 e 94, Josefo lançou uma nova obra, esta intitulada *Antiguidades judaicas*, que narra a história dos judeus desde a origem do povo no tempos dos patriarcas até a guerra contra os romanos. Neste ponto esta obra une-se à anterior. Mais à frente no ano 95, escreve um novo trabalho intitulado *Contra Apionem* que é uma defesa sincera e apaixonada do judaísmo. Por fim, mais ou menos no ano 100, veio à luz o seu último trabalho chamado *Vita* em que ele se defende, aos olhos dos judeus, por seu comportamento político pró romano.

Em toda a sua obra, Josefo faz referência a alguns personagens que aparecem também nos Evangelhos, entretanto, apenas em três passagens cita Jesus. Em uma determinada passagem faz referência honrosa a João Batista e à sua morte (*Antiguidades judaicas*, XVIII:116-119). Em um segundo momento escreve, de um modo simpático, sobre a morte de Tiago, irmão de Jesus. Sobre autenticidade destas duas passagens, apesar da incerteza de alguns críticos modernos, restam poucas dúvidas razoáveis.

O terceiro texto, porém, muito mais extenso, não é aceito como autêntico pela maioria dos estudiosos. Vamos reproduzi-lo aqui:

> Ora existiu, por esse tempo, Jesus, homem sábio, se é possível chamá-lo de homem. Foi efetivamente autor de obras extraordinárias, mestre de homens que recebem com prazer a verdade. E atraiu a si muitos judeus e até gregos. Era este o Cristo. E, tendo-lhe Pilatos dado por denúncia dos homens, que entre nós são os principais, o castigo da cruz, não desistiram aqueles que a princípio o haviam amado. Com efeito, ele apareceu a eles no terceiro dia, outra vez vivo, e já os profetas tinham dito estas e muitas outras coisas maravilhosas sobre ele. E até hoje não diminui a gente daquele que, do nome dele, são chamados cristãos (*Antiguidades judaicas,* XCIII: 63-64).

Essa passagem tornou-se conhecida como *Testimonium Flavianum*, ou seja, testemunho de Flávio e se encontra em todos os códices das *Antiguidades judaicas* e, no século IV, já era conhecido de Eusébio de Cesareia que mais uma vez o cita em sua *História eclesiástica*. Até o século XVI ninguém desconfiou de sua autenticidade. Nos séculos seguintes, começaram as críticas a este documento quanto a sua autenticidade. Parecia impossível a esses estudiosos que um judeu da classe dos fariseus, como era Josefo, falasse tão bem de Jesus. Assim, muitos preferiam acreditar que esta passagem teria sofrido interpolações por mãos cristãs desconhecidas. Essa questão não foi resolvida e até bem pouco tempo continuaram a existir defensores e críticos da autenticidade.

Documentos provenientes de autores romanos

No segundo decênio do século II de nossa era aparecem três escritores que se referem a Cristo e aos cristãos.

Carta de Plínio ao Imperador Trajano

Caius Plinius Caecilius, chamado de Plínio, o Moço, para distingui-lo de Caius Plinius Secundus, seu tio e pai adotivo denominado Plínio, o Velho, nasceu no ano 61 em Roma. Recebeu de seu tio primorosa educação e desde cedo revelou-se talentoso escritor, ganhando, rapidamente, a estima e admiração de seus compatriotas. Graças a sua amizade com o imperador Trajano, foi nomeado governador da Bitínia, província romana da Ásia Menor. Com profundo senso político, para não desgostar o seu protetor, todas as vezes que ficava frente a problemas administrativos difíceis, ele escrevia a Trajano pedindo a ele conselhos e sugestões.

Aconteceu que chegou às suas mãos um processo contra uma seita, cujos adeptos se chamavam cristãos. Como muito pouco soubesse a respeito desta nova religião e, não sabendo se poderia julgar o caso com justiça, escreveu a Trajano nos seguintes termos:

De Plinius para Trajano

Tendo por costume, meu imperador e senhor, encaminhar a vós todas as questões sobre as quais tenho dúvidas, quem poderia melhor me orientar? Jamais participei de investigações contra cristãos, portanto, não sei como esse crime é normalmente punido ou investigado, nem qual a sua margem de tolerância.

Em verdade, meu procedimento com relação àqueles acusados de serem cristãos tem sido o seguinte: pergunto-lhes se são cristãos, e pergunto uma segunda e uma terceira vez, ameaçando-os de punição. Se continuam afirmando que sim, os envio para serem executados, pois não tenho dúvidas de que, seja o que for que estiverem admitindo, ele merecem ser punidos por sua obstinação e por sua irredutível pertinácia. Quanto aqueles que dizem que não são nem jamais foram cristãos, tenho julgado acertado libertá-los depois de recitarem ao meu modo uma oração aos deuses, de fazerem uma libação com incenso e vinho à vossa estátua, que mandei fazer para o tribunal para esta finalidade, e a de amaldiçoarem Cristo, coisa esta que (dizem) não podem ser forçados a fazer.

Trajano leu esta carta, concordou com o procedimento de seu governador e recomendou que não dessem tréguas aos cristãos cujas práticas deveriam sem rigorosamente punidas, a não se que negassem a sua crença sacrílega e rendessem culto as deuses de Roma e ao próprio Imperador.

A validade deste documento baseia-se no fato de que, na época de Trajano já houvesse, até mesmo na Ásia Menor um culto a Jesus Cristo; ora, se Jesus não houvesse existido, não haveria, por certo, tal culto. A reação de Trajano também é um indicador de que o cristianismo não só existia como estava crescendo, a ponto de preocupá-lo de tal modo que exige um tratamento severo contra os cristãos.

O testemunho de Tácito

Cornelius Tácito, notável erudito e historiador romano, nasceu no ano 55, provavelmente na cidade italiana de Terni, na Úmbria e desencarnou em Roma entre 117 e 120. Ingressou na carreira política no tempo do Imperador Vespasiano, sendo, portanto, contemporâneo de Flávio Josefo. Tácito continuou em sua carreira política por longo tempo, ultrapassado o governo de Tito, filho e sucessor de Vespasiano, chegando ao governo de Domiciano.

Durante o reinado de Domiciano foi pretor e decênviro, casando-se, então, com a filha de Cneio Julius Agricola, conquistador da Bretanha. Esteve, alguns anos, fora de Roma, provavelmente exercendo a função de procônsul. Voltou a Roma no final do governo de Domiciano. No ano 97 exerceu o consulado e depois disto foi que deu início ao seu trabalho como escritor. Sua obra é muito rica e ainda é interessante para os que gostam de ler os clássicos. Suas obras são as seguintes: *Dialogus de oratoribus; Germania; De vita et moribus Julius Agricolae; Historiae*, cujo original constava cerca de 14 livros dos quais restam apenas os quatro primeiros e a metade do quinto; *Annales* ou *ab excessu Augusti libri* (vai até a morte de Nero). Os *Anais* são formados de 16 livros, entretanto, aos nossos dias chegaram apenas os quatro primeiros e parte do quinto e do sexto, e os cinco últimos.

O testemunho de Tácito se encontra nos *Anais* e está escrito assim:

> Este nome, cristão (*christiani*) vem de Cristo, que foi executado no governo de Tibério pelo procurador Poncius Pilatos. Esta superstição funesta estava reprimida naquele momento, mas reapareceu e se espalhou não só pela Judeia, onde surgiu, mas também em Roma, onde confluem e são praticadas todas as atrocidades e horrores do mundo inteiro.[27]

[27] Tácito. *Anais*, XV:38-44.

Que lições sobre a historicidade de Jesus podemos tirar do texto de Tácito? Vamos ver:

✓ Cristo foi um judeu preso, julgado e condenado no governo de Poncius Pilatos.

✓ Cristo foi o fundador de um movimento religioso originário da Judeia cujo seguidores são chamados cristãos e eram conhecidos por este nome no tempo de Nero como um movimento.

A segunda afirmação Tácito poderia conhecer diretamente, pois ele viveu em Roma onde estavam também os cristãos, mas a primeira ele não poderia conhecer diretamente. Quais, portanto, seriam as suas fontes? Como ele poderia saber que o Cristo era da Palestina e que fora julgado e condenado por Pilatos? Teria ele lido o texto de Flávio Josefo? Haveria algum arquivo romano onde estivessem registrados fatos políticos ou administrativos acontecidos fora de Roma? Teria ele conversado com algum cristão que passou esta informação? Não temos, por enquanto, como responder a estas perguntas.

O testemunho de Suetônio

Seu nome completo era Caius Suetonius Tranquillus, muito pouca coisa se sabe de sua vida. O que se pode dizer sobre ela é o seguinte: Foi um escritor romano que viveu entre o final do século primeiro e início do segundo, tendo sido contemporâneo e amigo de Plínio, o Jovem. Era advogado e durante um certo tempo foi secretário de Trajano. Pertencia à ordem dos cavaleiros.

Seu amigo Plínio, o Jovem, facilitou para ele a entrada a cargos administrativos mais altos. Nessas funções, ele, por certo, teve acesso a todos os arquivos históricos de Roma onde conseguiu o material necessário para escrever a sua biografia dos imperadores que tomou o nome de *A vida dos doze césares*. Este texto quase que inteiramente preservado descreve, de uma forma divertida, a vida dos imperadores romanos de Júlio César a Domiciano. A data desta composição estaria entre 117 e 122.

A referência aos cristãos aparece na biografia do Imperador Cláudio, marido da escandalosa Messalina (41-54). Foi neste período que no ano 58 ocorreu a expulsão dos judeus de Roma. Esta informação aparece também no Livro dos *Atos* (XVIII:2). A expulsão teria sido motivo para que Aquila e Priscila, dois judeus amigos de Paulo de Tarso se mudassem de Roma para Corinto na Grécia. O testemunho de Suetônio é bastante pequeno e se resume no seguinte: *Ele (Cláudio) expulsou de Roma os judeus que incitados por Chrestus (Cristo) não paravam de provocar tumultos.*

Este testemunho, embora universalmente aceito, é discutível pelo menos de nosso ponto de vista. Que motivos teriam os cristãos de Roma para fazerem tumultos, quando a cordialidade e a mansuetude, a capacidade de suportar as dores do mundo em nome do Cristo, e a ausência de ambições políticas eram as marcas daqueles primeiros cristãos, da chamada Era dos Mártires? Resta ainda a dúvida de que a palavra Cristo não pudesse ser apelido de algum judeu ou grego de alguma facção radical.

36 POR QUE JESUS FOI PRESO?

Jesus incomodou e não pouco a sociedade em que viveu e não poderia ser de outro modo. Um espírito evoluído como ele era não poderia, de modo algum, conviver com o mal de maneira omissa, fechando os olhos para as injustiças que ele via em seu redor. Por isso o seu discurso desagrada aos homens injustos e maus e principalmente àqueles que representavam a religião oficial e se comportavam como hipócritas que, fingindo santidade, impunham pesadas cargas que eles próprios não tocavam nem com a ponta do dedo.

Jesus observava os camponeses pobres, os ebionins que eram humilhados pelos judeus e maltratados pelos romanos e ele se viu na necessidade de fazer uma escolha, ele a faz, e esta opção é pela pobreza e não pelos ricos e poderosos. Isto também desagrada àqueles que viam naquele gentalha pessoas desprezíveis e desqualificadas.

Os poderosos de Israel, em sua falsa pureza olhavam aqueles que eles chamavam de pecadores como se fossem réprobos que nem Deus tinha por eles o menor apreço. Jesus vai fazer exatamente o contrário e vai procurar exatamente esses seres marginalizados para com eles conviver sob a alegação muito lógica de que os sãos não necessitam de médicos. Assim vai aceitar em seu grupo um publicano (classe social odiada pelos judeus) que mais tarde se tornará o evangelista Mateus; acolhe um zelota chamado Simão, pertencente a uma classe política que deseja a lutar armada contra os romanos; vai trazer para o núcleos de seus íntimos Maria Madalena, tida como mulher de má vida. E esta atitude também não era bem-vista pelos homens do Templo.

Jesus veio a este mundo para fechar um ciclo histórico religioso que se havia iniciado com Moisés e dar início a um outro. Naturalmente os judeus reacionários viam nesta atitude uma forma de blasfêmia inaceitável. Quem era aquele galileu para pôr em cheque uma das instituições mais fortes dos judeus, a principal: a lei de Moisés?

Todas essas coisas fizeram com que Jesus fosse pouco a pouco, objeto de uma conspiração que visava a prendê-lo e processá-lo, levando-o por fim, à morte. Os Evangelhos revelam como foi feita esta conspiração que, por fim, acabou sendo bem-sucedida e Jesus foi preso quando orava em um lagar de azeite chamado Getsêmani. Preso, Jesus foi conduzido para a casa de Anás onde teve início julgamento do Cristo.

37 QUEM FOI PONCIUS PILATOS?

O nome Pilatos significa "armado com um dardo ou trazendo sobre a cabeça um pilus", um barrete de feltro usado pelos escravos manumitidos (tornados livres) como um símbolo de sua liberdade. Por esta etimologia a descendência de Pilatos poderia não ter sido nobre, o que explicaria o medo que ele nutria do Tibério e a sua vontade de agradá-lo, fato que causou-lhe problemas graves em Jerusalém.

Poncius Pilatos foi o quinto governador romano de Jerusalém depois da deposição de Arquelau. Era, então, o ano VI da era cristã. A sua nomeação pra este cargo se deu por influência de Sejano, um áulico de Tibério no ano 28. Veio como sucessor de Valério Gratus que fora chamado de volta a Roma. Pilatos trouxe com ele sua esposa Claudia Procula. Por muito tempo, as autoridades romanas não permitiram que os governadores de províncias distantes de Roma levassem suas mulheres consigo por causa das rebeliões e guerras intestinas que as poderia colocar em risco. Conforme Tácito (*Anais*, II:33) do governo de Augusto em diante esta restrição desapareceu.

A sua inabilidade política aliada à vontade de agradar Tibério fez Pilatos cometer o seu primeiro erro em Jerusalém. Os governadores romanos anteriores, conhecendo bem os costumes judaicos, não entravam na cidade santa com as suas insígnias, deixando-as do lado de fora da cidade. Essas insígnias eram águias de prata, símbolos do Império Romano, pequenas imagens do Imperador e isso ofendia e não pouco os judeus que detestavam a idolatria e achavam que aquelas imagens maculariam o lugar sagrado.

Pilatos, ignorando estas coisas ou subestimando a convicção religiosa dos judeus, enviou um destacamento de soldados que entrou em Jerusalém portando as insígnias. Assim que os judeus, no dia seguinte, viram aquilo que consideravam como uma profanação, enviaram deputados a Cesareia onde ficava a residência do governador. Ali os judeus exigiram de Pilatos que retirasse a insígnias. Pilatos depois de vãs ameaças, foi obrigado a ceder e mandou retirar os símbolos.

Logo em seguida a este fato, Pilatos se meteu em outra confusão. Desejando construir um aqueduto que levasse água a Jerusalém e para isso precisando de dinheiro, lançou mão do corban, o dinheiro do Templo. Os judeus ficaram horrorizados uma vez que consideravam o dinheiro do Templo sagrado e a atitude de Pilatos como um verdadeiro sacrilégio.

Por ocasião de uma visita de Pilatos a Jerusalém um grande número de judeus cercou o tribunal com grande tumulto. Pilatos, que havia sido previamente avisado daquela manifestação, mandou que alguns de seus soldados à paisana e armados com bastões e adagas se misturassem à multidão de judeus. Quando as manifestações chegaram ao auge, Pilatos deu ordem para que os seus soldados entrassem em ação. A repressão foi tão violenta que muitos judeus morreram ali. A multidão apavorada se dispersou e muitos morreram pisoteados durante a fuga.

Desta vez, Pilatos venceu porque o aqueduto foi construído do modo como ele queria, mas criou uma enorme animosidade contra si por parte dos judeus.

Pilatos não parou por aí e, um dia, resolvido a homenagear Tibério, mandou colocar no palácio de Herodes, alguns escudos dourados apenas com o nome do imperador sem nenhuma imagem, mesmo assim, os judeus se desgostaram, protestaram, mas o romano se manteve firme. Os homens mais influentes da cidade mandaram uma petição ao Imperador que, em resposta, ordenou que os escudos fossem levados Cesareia.

Philo em sua obra *Legat ad Caium* (XXXVIII) com base em uma carta de Agripa, apresenta a seguinte descrição de Pilatos: "Era um homem de disposição inflexível, sem misericórdia e obstinado." Afirma-se ainda que ele tinha medo de que o povo fosse contar ao imperador os atos de sua vida corrupta, a violência de seu gênio, os insultos dirigidos ao povo judeu, a crueldade com que castigava sem julgamento e sem processo e as desumanidades sem número por ele cometidas.

O caráter de Pilatos pode ser claramente delineado no caso de Jesus. Jesus é levado até ele pelos judeus, raça que ele abominava e não se curvaria facilmente ante a vontade dela. Aparentemente, ele teria vontade de salvar Jesus, entretanto, esta não é bem a verdade. Em situações em que teria que tomar alguma decisão grave, ele jamais perguntava: qual é o meu dever, mas qual é o meu interesse? Mesmo sabendo que Jesus era inocente, apenas para agradar os judeus, mandou castigar o acusado duramente. Não absolveu Jesus como seria o justo e o certo, para não aumentar a sua impopularidade ante os judeus. Permitiu que os soldados romanos infligissem novas torturas àquele cujo corpo já estava lacerado, e o seu ato de lavar as mãos não teve a menor grandiosidade, não passando de um ato de neutralidade covarde e nada mais.

Vamos ver, agora, como terminou o governo de Pilatos em Jerusalém. Aconteceu que um impostor samaritano prometeu a seus compatriotas que, se eles o desejassem, poderiam subir com ele ao monte Garazim porque, ali, ele mostraria a todos o lugar onde Moisés havia escondido um certo número de vasos de ouro que pertenciam ao tabernáculo. Em verdade, Moisés nunca estivera no monte Garazim e nem mesmo atravessara o Jordão, entretanto as multidões são propensas a acreditar em mitos desde que as lideranças criadoras deles sejam bastante convincentes.

Assim, um grande número de judeus portando armas se reuniu ao pé do monte Garazim. Pilatos mandou cercar todos os caminhos que levassem ao monte com soldados de cavalaria e infantaria. Estes soldados romanos avançaram contra os judeus, mataram muitos e prenderam outros que, depois, foram executados a mando do governador. Os samaritanos fizeram uma outra petição contra Pilatos e mandaram-na para o seu superior Vitélio, governador da Síria. O caso chegou a Roma e o Imperado nomeou Vitélio para o lugar de Pilatos e ordenou a este que voltasse a Roma imediatamente para se justificar.

Por sorte de Pilatos, antes que ele chegasse a Roma, Tibério faleceu (16 de março do ano 37). Dizem que Poncius Pilatos foi banido para a cidade de Viena sobre o Reno, ao sul da França onde ele teria posto fim à própria vida. Existem várias *Acta Pilati* (*Atos de Pilatos*), mas são consideradas apócrifas e espúrias, inclusive, entre elas nota-se a inteira falta de harmonia.

38 JESUS AMAVA OS FARISEUS?

Decidi colocar aqui esta pergunta por causa de um amigo meu, materialista, que me perguntou certa vez: "Você acha que Jesus amava os fariseus?" Respondi que Jesus amava a todos de um modo geral. Ele me contestou dizendo que, segundo os Evangelhos, Jesus não amava os fariseus porque os tratava muito mal com agressões verbais que demonstravam hostilidade e não amor. Tive de início que concordar com ele.

Esta abordagem me fez repensar esta questão e cheguei às seguintes conclusões. Em primeiro lugar,Jesus não falou dos fariseus, em geral, mas de alguns fariseus que se comportavam de modo criticável. Tanto isto é verdade que ele teve muitos amigos que eram fariseus como Nicodemos e José de Arimateia entre outros, não vamos nos esquecer de que o grande Paulo de Tarso, a figura maior da pregação do Evangelho aos gentios se dizia fariseu e filho de fariseu.

Em segundo lugar, o ambiente em que nasceram os Evangelhos, notadamente os sinóticos, estavam marcados pela atitude de intolerância e de clara hostilidade em relação aos cristãos. Não vamos olvidar que a morte de Estevão, da qual o próprio Paulo participou, foi maquinada e executada pelos homens do Templo, em sua maioria, fariseus. Assim, pode se dizer que seria natural que os autores dos Evangelhos carregassem nas tintas contra os fariseus e colocassem nos lábios de Jesus frases que ele jamais diria, por coerência com a natureza amorosa de sua doutrina. Creio que qualquer dessas duas hipóteses respondem à nossa questão.

39 JESUS ERA UM PROFETA?

Esta pergunta vai depender do sentido que dermos à palavra profeta. Vamos abrir esta seção com um conceito de profeta que se encontra no *Dicionário da Bíblia*, da autoria de John Davis:

> Profeta é um mestre infalível, com autoridade para falar em nome de Deus. Falando da Ordem dos profetas no sentido de uma corporação, constituíam eles uma classe de homens que eram convocados por Deus para se dirigirem ao povo, dando-lhes palavras e conferindo-lhes autoridade para falar em seu nome. (*Dt.*, XVIII:8-19). Cada um dos profetas de Deus, em particular o próprio Jesus Cristo, exerciam uma função semelhante a de Moisés no que diz respeito à doutrina, às relações com a lei e à sua obra didática.
>
> O profeta Zacarias refere-se claramente a esses atributos dos servos de Deus, quanto a seu caráter e a sua autoridade. Deus concedia as palavras a seus profetas enviados pelo seu Espírito, que eles ensinavam ao povo e que Deus confirmava Zacarias: I:6, 7, 12); Neemias (IX:30). Esses fatos relativos aos profetas são abundantemente ilustrados em casos individuais. Os profetas não

> herdavam seu ofício nem eram erigidos por autoridade humana; eram escolhidos por Deus que os chamava e lhes conferia as qualidades necessárias.[28]

Quase tudo o que se diz na passagem que acabamos de citar pode ser aplicado a Jesus, exceto uma coisa: Jesus ser médium de Deus como os profetas o eram de espíritos mais evoluídos. Se Jesus fosse médium de Deus, nada do que ele disse e fez poderia ser atribuído a ele e sim à divindade. Um espírito da evolução de Jesus não necessitaria ser um simples canal de Deus, uma vez que ele possui condições de pregar o Evangelho por si mesmo e de fazer as coisas maravilhosas que fez. Assim, pode-se responder a questão proposta dizendo que Jesus não era um profeta no sentido vulgar desta palavra, embora fosse um enviado de Deus e em nome deste falasse atuasse.

40 JESUS PENSOU EM DESISTIR DE SUA MISSÃO QUANDO ORAVA NO GETSÊMANI?

Conta o *Evangelho de Marcos* (*Mc.*, XXII:39-46) que Jesus, como era de seu costume, foi ao Monte das Oliveiras e os discípulos o seguiram, quando chegaram àquele lugar, Jesus disse a eles: "Orai para que não entreis em tentação". Em seguida, se afastou um pouco e, pondo-se de joelhos, orou: "Pai, se queres, afasta de mim este cálice; todavia, não se faça a minha vontade, mas a tua".

É muito improvável que esta passagem seja real. Jesus quando planejou a sua vinda ao planeta para trazer o seu Evangelho, sabia, perfeitamente, o que lhe aconteceria, inclusive ao longo dos Evangelhos, ele, por algumas vezes, anunciou a sua morte e o seu sofrimento; basta lembrar a passagem com Salomé e seus filhos onde, ele, inclusive, usa a palavra cálice no sentido de sacrifício doloroso.

[28] Davis. Op. cit. p. 486.

Ora, como é possível que, na hora de beber o cálice, ele tenha desejado recuar. Para logo à frente submeter-se à vontade do Pai e não à dele, como se o seu sacrifício não fosse um ato de doação, mas de obrigação.

Um outro fato pouco digno de crédito está no versículo seguinte: "Então, apareceu um anjo do céu que o confortava" (v. 42). Conforme este versículo, Jesus ficou tão mal, tão desconfortado, que foi preciso vir um anjo para confortá-lo. Que anjo era esse capaz de confortar Jesus e o que ele disse para Jesus que este não soubesse ou que pudesse diminuir a sua possível angústia? Por todos esses motivos a nossa resposta a esta pergunta é não.

41 JESUS CARREGOU UMA CRUZ PELA VIA DOLOROSA?

É muito comum que nas representações da paixão de Jesus Cristo se veja o Nazareno carregando uma enorme cruz. Estas representações, porém, não são verdadeiras. Jesus carregou apenas o patíbulo ou a parte superior da cruz e não a cruz inteira. A parte vertical ficava fixada no lugar da crucificação. Não se sabe se este patíbulo foi amarrado às costas dele ou carregada, livremente, sobre suas espáduas, já que os Evangelhos não especificam o modo como ele levou a cruz.

O *Evangelho de João* nos dá uma pista com as frases em grego e latim: Gr: *bastazôn auto ton stauron*, em latim: *bajulans sibi crucem* em ambos os casos significando algo como abraçando-se à cruz, o que nos sugere que o patíbulo não estava amarrado. O episódio de Simão de Cirene (o cireneu que ajudou Jesus a levar o patíbulo) corrobora a tese de que este estava livre em seus ombros.

42 JESUS DESCONFIOU DA BONDADE DO PAI QUANDO ESTAVA PRESTES A DESENCARNAR?

Esta passagem é muito semelhante a do Getsêmani que vimos há pouco, assim, se recusamos a primeira também devemos recusar a segunda. A expressão bastante conhecida é *Pai, Pai, por que me abandonaste.* Dentre as muitas explicações que já li sobre esta passagem, a que me parece mais razoável é a seguinte: quando um judeu estava prestes a deixar esta vida, ele fazia uma prece extrema e, normalmente, nessas preces, usava um salmo. Seria interessante saber que existem salmos que começam bem e acabam mal e os que começam mal e acabam bem. As palavras bem e mal aqui se referem à exaltação a Deus ou ao desespero do salmista.

Jesus, sendo judeu, observou esta prática e se valeu do Salmo XXII que começa do modo seguinte:

> Deus, meu Deus, por que me desamparaste? Por que estás afastado de me auxiliar e das palavras de meu bramido? Deus, eu clamo de dia, porém tu não me escutas; também de noite, mas não acho sossego, contudo Tu és santo entronizado sobre os louvores de Israel.

Jesus não complementou este salmo que iria chegar a uma glorificação de Deus, porque em agonia lhe faltaram forças físicas.

Há, porém, uma outra interpretação que não deve ser excluída completamente. Segundo esta outra maneira de ver esta passagem, Jesus não teria dito tal coisa. Este salmo teria sido posto nos lábios de Jesus por ser um salmo tido como messiânico para confirmar que Jesus era o Cristo.

43 COMO SE DEVE ENTENDER A LIÇÃO DE JESUS QUE SE ENCONTRA EM *MATEUS* (XVIII:7-11)

Esta lição diz respeito aos tropeços. Nela, o Jesus de Mateus faz algumas frases muito estranhas como:

> Se, pois, tua mão ou teu pé te fizer tropeçar, corta-o e lança-o fora de ti, pois melhor é entrares na vida aleijado, ou coxo, do que, tendo as duas mãos e os dois pés, ser lançado no fogo eterno. Se o teu olho te fizer tropeçar, arranca-o e lança-o fora de ti, porque melhor será para ti entrar na vida com um só olho do que com os dois olhos e ser lançado no inferno de fogo.

Naturalmente, Jesus não pode ter dito algo assim, indigno de uma pessoa de bom senso que, se levado ao pé da letra, pode causar grandes males a quem obedecer tais ensinos. Assim, resta-nos dois caminhos neste caso: impugnar esta passagem ou buscar uma interpretação. Neste segundo caso, a interpretação que nos parece mais adequada à passagem é a reencarnação.

Imaginemos que um espírito em uma encarnação, possuidor de inteligência brilhante, tenha usado a sua inteligência para o mal. Este espírito poderá reencarnar com lesões cerebrais graves como a hidrocefalia, a idiotia e outros males semelhantes. Aqueles cujas pernas, braços, mãos, olhos e palavras tenham sido causa de tropeço moral em uma vida poderão nascer privados destes órgãos ou com sérias limitações neles. Penso que sem as vidas sucessivas não há como aceitar um ensinamento deste tipo.

44 JESUS TERIA SIDO O SALVADOR DO MUNDO?

O verbo salvar de onde deriva as palavras salvação e salvador tem a seguinte regência: quem salva, salva alguém ou algo de alguma coisa. Nesse caso nos é lícito perguntar: de que Jesus nos salvou? Segundo a interpretação mais vulgar, Jesus salvou nossas almas de, saindo da vida, entrarmos direto no inferno. É neste sentido que devemos entender a frase muito comum dos membros das religiões reformadas: Estou salvo em nosso Senhor Jesus Cristo.

Esta teoria, porém, nos leva a um outro questionamento. A vinda de Jesus é relativamente recente quando comparada com a história das civilizações e, sendo assim, podemos perguntar: E as almas que existiram antes de Jesus quem as salvou? E as almas que viveram depois de Jesus, mas que não o conheceram como almas dos povos primitivos antes da conquistas dos europeus, as almas dos povos asiáticos, africanos, australianos quem as salvou? Isto admitindo que só Jesus salva.

Estas questões nos levam admitir que não se pode nem se deve atribuir a Jesus a salvação uma vez que o progresso dos espíritos não se dá instantaneamente, no momento em que alguém conhece os Evangelhos, mas ao longo de muitas e muitas vidas. Assim, o que Jesus nos trouxe foi um projeto de crescimento espiritual ao qual devemos seguir se desejarmos avançar na direção dos mundos maiores, projeto este que existiu, antes de Jesus em diversas partes do mundo, executado por prepostos de Jesus como: Amenophis IV, Moisés, Buda, Krishna, Zoroastro, Pitágoras, Sócrates e Platão, entre muitos outros.

45 QUEM FOI JUDAS?

Quando lemos os Evangelhos, ficamos sabendo que Judas era filho de um certo Simão Iscariotes e que usava o sobrenome de seu pai. O significado mais comum da palavra iscariotes seria o homem nascido em Kerioth, nome de um pequena aldeia da Palestina. Esta interpretação do sobrenome de Judas e de seu pai não é pacífica, pois muitos estudiosos como Guignebert, Heitmuller e Wellhausen discordam desta etimologia e apresentam outras possibilidades de interpretação.

Os Evangelhos deixam claro que Judas foi um dos doze apóstolos de Jesus que, infelizmente, entregou Jesus aos homens do Templo ao preço de trinta moedas de prata. Ainda conforme os evangelistas, Judas exercia a função de tesoureiro e cabia a ele carregar a bolsa onde estavam os poucos recursos do grupo. Parecia ser um homem bastante prático e realista, pois, quando Maria de Betânia derramou sobre a cabeça de Jesus um frasco de perfume caríssimo, Judas considerou aquilo um desperdício, pois ela poderia ter dado o perfume para ser vendido pelo grupo e com esse dinheiro ajudar os pobres.

Os Evangelhos contam também que Judas entregou Jesus ao Templo por 30 moedas de prata que era o preço pelo qual se poderia adquirir um escravo. Não era muito, portanto. Por que ele fez isso? João evangelista explica esse gesto do seguinte modo: "o diabo já havia posto no coração de Judas a determinação de entregar Jesus (*Jo*., XIII:2). Depois da morte de seu mestre, Judas se matou. Há duas versões sobre a sua morte: A primeira versão que se encontra em Mateus (XXVII:5) nos informa que o traidor morreu enfocado e a segunda versão dada por Simão Pedro, nos diz que Judas se matou, mas não por enforcamento, porém, atirando-se em um abismo arrebentando-se ao meio com as víscera à mostra (*At.*, I:18).

Existem várias teorias que buscam explicar o motivo pelo qual Judas entregou Jesus, que descartam a motivação evangélica da possessão ou da simples cobiça. De Quincei e Gould consideram Judas uma personalidade audaciosa, mas não desleal. Ele era um nacionalista que deseja ardentemente expulsar os romanos de Israel e acreditava que o Messias viria e venceria os romanos, instauraria uma nova ordem político-social. Aproximou-se de Jesus com a esperança de que ele fosse o messias guerreiro que tornaria realidade o seu sonho.

Com o convívio no colégio apostólico, porém, logo percebeu que Jesus não possuía ambições políticas e que o seu Evangelho aconselhava amar os inimigos e orar por aqueles que nos caluniam e nos perseguem, o que significava a amar os romanos. Judas, então, sem abandonar o seu projeto, decide entregar Jesus ao Templo para que, sob ameaça, ele pudesse abandonar o discurso amoroso e conciliador para assumir o discurso guerreiro do Messias de Israel. Assim foi feito, mas Jesus mostrando extrema coerência deixou-se sacrificar. Sentindo-se culpado, Judas se matou.

Uma outra posição semelhante a esta é a de Danilo Nunes em seu livro *Judas, traidor ou traído*. Sua tese é semelhante à anterior. Para ele, Judas era também um nacionalista honesto que acreditou em Jesus, mas se frustrando (sentindo-se traído) entregou Jesus para castigá-lo por sua omissão quanto à libertação de Israel. Vamos ver suas próprias palavras:

> Acreditamos, pois, que o gesto de Judas foi consciente. Não compreendendo Jesus, teria querido, realmente, puni-lo por julgá-lo culpado de impostura, de indução do povo à idolatria e de colaboracionismo. Por isso, o denunciou e auxiliou na sua captura absolutamente convencido da moralidade e justiça de seus atos. E se conhecesse o juízo milenar e unânime da posteridade a seu respeito, quem sabe, tomado de horror, não exclamaria:
>
> – Meu Deus, eles me julgam um traidor![29]

[29] Nunes. *Judas, traidor ou traído*. p. 303.

46 SERIA POSSÍVEL AMAR OS INIMIGOS COMO NOS PEDIU JESUS?

À primeira vista, isto é impossível. O inimigo no máximo pode ser ignorado, mas amado é outra coisa. O inimigo é não amigo, aquele que nos fez mal ou recebeu algum mal de nossa parte e que, por isso, nós não suportamos a presença dele nem ele a nossa. Se sairmos de casa dispostos a nos aproximar de nossos inimigos, dispostos a visitá-los e fazer valer a mensagem cristã, muito provavelmente não teremos grande sucesso, pois o nosso inimigo pode não estar imbuído do mesmo espírito.

O que fazer então neste caso? Como encarnados devemos apenas fazer o que é possível: perdoar os nossos inimigos e orar pelos que nos perseguem e caluniam, sem esperar que eles façam o mesmo conosco. Isto, embora seja também muito difícil, é o que se pode fazer neste caso. Voltamos à mesma questão: como seria possível amar verdadeiramente os nossos inimigos e sermos amados por eles?

Novamente temos de chamar em nosso socorro e ideia da reencarnação. Imaginemos dois homens ou um homem e uma mulher que em vidas passadas foram inimigos inconciliáveis, fazendo mal um ao outro ao longo de cada vida, mas foram orientados pela espiritualidade maior a pôr fim àquela hostilidade. Eles aceitam e reencarnam como pai e filho, mãe e filho, irmão e irmã. Graças à cortina do esquecimento que cai sobre cada uma de nossas vidas, o ódio é esquecido e se dá início a uma relação amorosa em virtude dos laços de sangue. Deste modo, o assassinado recebe o assassino como seu filho ou vice-versa e busca protegê-lo, amá-lo, compreender as suas rebeldias e fazer dele um homem de bem.

Do mesmo modo, a mulher que em uma outra vida foi prostituta e arrastada à lama e à degradação pode reencarnar como mãe do homem que a explorou e que tanto mal lhe fez. Agora, porém, ele não é mais o rufião pavoroso e cruel, mas seu filhinho amado que ela amamenta e aconchega em seus braços com ternura.

47 QUEM ERAM OS DEMÔNIOS EXPULSOS POR JESUS?

Em primeiro lugar, não existem demônios no sentido de seres que se opõem a Deus e que vivem em um lugar metafísico chamado inferno, ocupados em torturar as almas dos réprobos. Em segundo lugar, a palavra demônio deriva do grego *daimon-onos* e significa espírito desencarnado, bom ou mau. Sócrates possui um demônio que era o seu guia espiritual. Assim, sem maiores dúvidas pode-se dizer que os demônios expulsos por Jesus eram, em verdade, espíritos obsessores.

48 QUEM MATOU JESUS?

Em um primeiro momento, existe uma tendência tradicional e afirmar que foram os judeus os assassinos de Jesus e isto não é verdade, porque não se pode atribui a todo um povo um ato de poucos. Infelizmente, esta ideia errônea foi um componente significativo para a criação e sustentação do antissemitismo. John Dominique Crossan em seu livro *Quem matou Jesus* defende a tese de que foi o governo romano quem julgou e executou Jesus, sendo o fato de se atribuir aos judeus a morte devido a rivalidade existente quando os Evangelhos foram escritos entre os judeus e a nova igreja.

É claro que não se pode condenar todo o povo judeu pela morte de um homem e, muito menos, estender esta condenação aos judeus contemporâneos. Por outro lado, porém, não se pode descartar, como ficção pura e simplesmente, as narrativas dos Evangelhos, nos quais fica muito clara a participação dos homens do Templo na condenação de Jesus e, mais tarde, na perseguição aos cristãos com a prisão de Pedro e João e, por fim, culminando na morte do diácono Estevão. Assim, de meu ponto de vista, a morte de Jesus se deu em virtude de um conluio entre os judeus e os romanos. De fato, foram os romanos que julgaram e executaram Jesus, mas a inspiração foi toda dos homens que comandavam o Templo.

49 HAVERIA ALGUM MÉTODO PRÁTICO DE SEGUIR A JESUS?

Sim. Este método seria o seguinte: todas as vezes que estivermos frente a uma situação que exija de nossa parte uma atitude, deveríamos nos perguntar: em meus passos o que faria Jesus? Claro que não faremos igual a Jesus, mas só o nosso desejo de tornar a nossa conduta semelhante a do Cristo já significará considerável avanço.

Tomemos um exemplo, uma pessoa que deseja servir Jesus vai pela rua em seu automóvel e encontra uma criança abandonada que faz malabarismo com limões na frente de seu carro. O que faria Jesus nesta situação: fecharia o vidro do carro com medo e uma ponta de raiva? Ignoraria o menino que ao terminar o seu pequeno espetáculo olha para ela como quem pede? Fingiria que nada disto está acontecendo e rezaria para o sinal abrir logo? Por certo nada disto Jesus faria. Então você já sabe, pelos menos o que Jesus não faria, agora o que você deve fazer em casos como estes eu não sei, porém, acredito que o mínimo que se pode fazer é olhar para a criança com simpatia e fazer uma prece por ela. Isso seria o mínimo, mas já seria alguma coisa. O que não pode, quando se é verdadeiramente cristão, é nada fazer.

Vejamos um segundo caso? Você acha que, se vivesse entre nós, Jesus fumaria, beberia, usaria drogas pesadas, criticaria as pessoas pelos simples prazer de criticar, seria egoísta, invejoso, preconceituoso, hipócrita, mentiroso, estimularia a violência, seria consumista? Por certo que não, então vai tu e faze o mesmo.

Vamos a um terceiro exemplo: um homem que se diz cristão exerce a chefia em uma empresa importante no setor particular ou público. Surge então a oportunidade de fazer um bom ganho, aceitando uma alta propina para aprovar o projeto ou favorecer uma empresa em uma licitação. Neste momento, ele deveria se perguntar: Jesus aceitaria esta propina? Por certo que não, logo eu também não a devo aceitá-la.

50 QUE RELAÇÃO EXISTE ENTRE JESUS E O ESPIRITISMO?

No *Evangelho de João* encontramos a seguinte passagem:

> Se me amardes e guardardes os meus mandamentos, Eu rogarei a meu Pai e ele vos dará outro Consolador (*Paracleton*) que ficará convosco até a consumação dos tempos; a saber o Espírito da Verdade, o qual o mundo não pode receber porque não o vê nem o conhece, mas vós o conheceis visto que ele habita convosco e está em vós.[30]

Segundo a Doutrina dos Espíritos esta promessa do Cristo se cumpriu em 18 de abril de 1857, ano da publicação de *O Livro dos Espíritos*, a primeira obra da codificação. Segue-se a esta obra as seguintes: *O livro dos médiuns* (1861); *O Evangelho segundo o Espiritismo* (1864); *O céu e o inferno* (1865) e *A gênese* (1868.)

Este conjunto de cinco livros foi organizado, revisto e ampliado por Allan Kardec sob a orientação de um espírito que se identificou como Espírito da Verdade ou Espírito Verdade, deste modo, o Espiritismo se inscreve perfeitamente no quadro das chamadas religiões cristãs. Naturalmente, toda a codificação sofre a influência de Jesus e de seus colaboradores, entretanto, o livro que estabelece um

---

[30] Jo., XIV:15.

vínculo entre o Cristianismo e o Espiritismo é *O Evangelho segundo o Espiritismo*. Esta obra retoma os textos dos chamados Evangelhos canônicos e faz uma nova leitura deles, levando em consideração algumas ideias básicas, como: a comunicação entre os dois mundos, material e espiritual; a teoria das vidas sucessivas; a pluralidade dos mundos habitados e o pacto entre a ciência e a religião, é em virtude destas ideias que o Espiritismo se afasta das religiões tradicionais.

51 JESUS FOI O CRIADOR DA IGREJA CATÓLICA?

Não. Jesus jamais fundou nenhuma religião. A sua mensagem transcende os rótulos das diversas religiões que conhecemos. Jesus não era sectarista e, por este motivo, seguir Jesus independe de pertencer a um grupo chamado cristão. Um dos espíritos que melhor compreendeu o Evangelho do Cristo, Mahatma Ghandi, não era cristão.

Para que se entenda claramente a diferença entre o catolicismo e o Cristianismo, basta observar o seguinte:

- → Jesus jamais pregou a necessidade dos bens materiais, muito pelo contrário, o que ele pregou foi o desapego desses bens.
- → Jesus não criou os chamados sete sacramentos.
- → Jesus jamais falou em pecados capitais e veniais.
- → Jesus jamais deu autoridade a uma pessoa para perdoar os pecados.
- → Jesus pregou a reencarnação e não a ressurreição da carne.
- → Jesus jamais disse que era Deus.
- → Jesus não criou a eucaristia.
- → Jesus não falou jamais de uma Trindade Santíssima.

→ Jesus jamais disse que o seu sangue teria poder.

→ Jesus jamais apoiaria a chamada Santa Inquisição.

→ Jesus jamais apoiou a idolatria.

→ Jesus não apoiaria a venda de indulgências e a simonia.

→ Jesus nunca imaginou sacerdotes paramentados com mitras, roupas de variadas cores, quipás semelhantes aos dos judeus, uso de crucifixos pendurados ao pescoço.

→ Jesus jamais concordaria com procissões levando a sua imagem ou de outros santos pela rua, explorando a fé ingênua de espíritos simples.

→ Jesus nunca pregou o culto dos santos ou das relíquias.

→ Jesus jamais pregaria a excomunhão das pessoas de seu grupo. Nem mesmo Judas foi excomungado por ele.

→ Jesus aceitou as mulheres desde o início de sua pregação e algumas delas se destacaram na tarefa de evangelização.

→ Jesus não deu a nenhuma autoridade a um homem para representá-lo na Terra como caráter de santidade e de infalibilidade.

Todos esses aspectos e ainda outros mostram com clareza meridiana que não existe uma relação profunda entre a Igreja Católica e a reformada, que desta se derivou com a essência da doutrina do Cristo.

52 O QUE JESUS DESEJA DE CADA UM DE NÓS?

Jesus não nos pediu que andássemos sobres as águas; que déssemos visão aos cegos; voz aos mudos; audição aos surdos; que limpássemos os hansenianos (leprosos); que transformássemos água em vinho; que fizéssemos pessoas mortas voltarem à vida e assim por diante. Ele pediu apenas que amássemos o nosso próximo; perdoássemos os que nos ofendem; que fôssemos desprendidos e não apegados ao dinheiro; que não julgássemos nossos irmãos que cremos estejam em erro; que fôssemos mais humildes, fraternos e colaboradores; que amássemos e respeitássemos a Deus sobre todas as coisas; que desenvolvêssemos a nossa fé em uma palavra, que nos tornássemos pessoas melhores, verdadeiros cidadãos do Reino do Deus.

Referências bibliográficas

AGOSTINHO, Santo. *A cidade de Deus* (3 vols.). Rio de Janeiro: Fundação Calouste Gulbenkian, 1999.

ALTA, Padre. *Cristianismo do Cristo e o dos seus vigários*. Rio de Janeiro: FEB, 1968.

ATANÁSIO. *A encarnação do verbo*. São Paulo: Paulus, 2002. (Coleção Patrística; 18).

BACON, B. W. *O início da história dos Evangelhos*. Connectcut, 1969.

BARBET, Pierre. *Arqueologia da crucificação*. São Paulo: Loyola, 1968.

BOENNER & GILSON. *História da filosofia cristã*. Rio de Janeiro: Vozes, 1973.

BRANDON, S. G. F. *A queda de Jerusalém e a igreja cristã*. Londres, 1951.

____. *Jesus e os zelotes*. Manchester, 1967.

____. *O julgamento de Jesus de Nazaré*. Londres, 1969.

BRASIL, Assis. *A vida pré-humana de Jesus*. Rio de Janeiro: Imago, 2001.

BROWN, Raymond. *O Evangelho de Pedro e os Evangelhos canônicos*. Estudo do novo testamento.

BRUNO, Juiz. *Las actas de los mártires*. Madrid: BAC, 1958.

BURKITT, F. C. *As fontes primitivas da vida de Jesus*. Londres, 1910.

BURROWS, Millar. *Os documentos do Mar Morto*. Porto: Ed. Porto, 1963.

CAUSSE. *A evolução da esperança messiânica no Cristianismo primitivo*.

CHOURAQUI, André. *A Bíblia: no princípio*. Rio de Janeiro: Imago, 1992.

COHN. *O julgamento e a morte de Jesus*. Nova York, 1972.

COLB, Norman. *Quem escreveu os manuscritos do Mar Morto*. Rio de Janeiro: Imago, 1998.

CROISSANT, J. D. *O Jesus histórico*. Rio de Janeiro: Imago, 2000.

____. *Quem matou Jesus?* Rio de Janeiro: Imago, 1995.

CROS, F. M. Jr. *A biblioteca do Qunram e os modernos estudos bíblicos*. Londres, 1958.

DAVIS, J. B. *Dicionário da Bíblia*. Rio de Janeiro: Juerp, 1985.

DEN BORN, A. V. (Org.). Morte, in *Dicionário enciclopédico da Bíblia*. Petrópolis: Vozes, 1971.

DODGE, C. *Interpretação do Quarto Evangelho*. Cambridge, 1924.

DUQUESNE, Jacques. *Jesus: a verdadeira história*. São Paulo: Geração Editorial, 1995.

DURANT, Will. *A história da civilização*. Rio de Janeiro: Record, 1994.

EINSTEIN. *O profeta de Nazaré*. Nova York, 1924.

ENCICLOPÉDIA. *Estudo perspicaz das escrituras*. São Paulo: Sociedade Torre de Vigia, 1988.

EUSÉBIO. *História eclesiástica*. São Paulo: Paulus, 2002.

FRAILE, Guillermo. *História de la filosofia*. Madrid: BAC, 1968.

GOGEL, Maurício. *O Cristianismo e o Império Romano na época do Novo Testamento*. Paris, 1908.

GOLDBERG & RAYNER. *Os judeus e o judaísmo*. Rio de Janeiro: Xenon, 1969.

GOPPELT, Leonhardt. *Teologia do Novo Testamento*. São Paulo: Ed. Teológica, 2002.

GRASSO, Domenico. *O problema do Cristo*. São Paulo: Loyola, 1967.

GUIGNERBERT, C. *Jesus*. México: Uteha, 1961.

____. *As fontes do texto joanino da Paixão*. Paris, 1910.

HOLGER, Kersten. *Jesus viveu na Índia*. Rio de Janeiro: Best Seller, 1995.

IRENEU. *Contra as heresias*. São Paulo: Paulus, 2001.

IRVIN & GRACIE. *A Paixão de Cristo*. São Paulo: Madras, 2004.

JAMES, Charlesworth. *Jesus dentro do judaísmo*. Rio de Janeiro. Imago, 1992.

JOSEFO, Flávio. *Antiguidades judaicas e guerras religiosas*. Ed. Kruegel Publication, 1988.

KENUT e GRUBER. *A conspiração Jesus*.

KHALID, Tarif. *O Jesus muçulmano*. Rio de Janeiro: Imago, 2001.

KLAUSNNER, J. *Jesus de Nazaré, sua vida, seu tempo e seus ensinos*. Londres, 1925.

LEAL, José Carlos. *Christos*: Rio de Janeiro: CELD, 2008.

____. *História das ideias e dos fenômenos espíritas*. Rio de Janeiro: Leymarie, 2002.

____. *Jesus, sua terra, seu povo e seu tempo*. Rio de Janeiro: Lorenz, 2009.

____. *O Jesus dos espíritas*. Rio de Janeiro: CELD, 2009.

LOYSIE, Alfred. *El nascimento del Cristianismo*. Buenos Aires: Argos, 1948.

MARQUES, Correia Américo. *Erros e mentiras de uma seita*. Rio de Janeiro: Empresa Jornalística Razão, 1942.

MEYER, John. *Um judeu marginal*. Rio de Janeiro: Imago, 1903.

MIRANDA, Hermínio C. *Cristianismo: mensagem esquecida*. São Paulo: Casa Editora O Clarim.

NUNES, Danilo. *Judas, traidor ou traído?* Rio de Janeiro: Record, 1989.

____. *Páscoa de sangue*. Rio de Janeiro: Expressão de Cultura, 1980.

PAGELS, Eliana. *Os Evangelhos gnósticos*. São Paulo: Cultrix, 1979.

PASTORINO, Carlos Torres. *Sabedoria do Evangelho*. Rio de Janeiro: Sabedoria, 1969.

REICH, Wilhelm. *O assassino do Cristo*. São Paulo: Martins Fontes, 1991.

RENAN, Ernesto. *A história do Cristianismo*. Porto: Lello & Irmãos, 1964.

RICCIOTTI, Giuseppe. *História de Jesus Cristo*. Coimbra: Casa do Castelo, 1980.

ROLLAN, Armando. *A Bíblia e as últimas descobertas*. São Paulo: Paulinas, 1961.

ROPS, Daniel. *A vida cotidiana na Palestina no tempo de Jesus*. Lisboa: Livros do Brasil, 1965.

____. *A igreja dos apóstolos e dos mártires*. Porto: Teixeira.

SAYÃO, L. (Ed.) *Antigo Testamento poliglota*. São Paulo: Vida Nova, 2003.

SPALDAFORA, Francisco. *Dicionário bíblico litúrgico*. Espanha, 1936.

STRAUSS. D. F. *A nova vida de Jesus* (2 vols.) Buenos Aires: Biblioteca Nova, 1949.

THEISSON & MERS. *O Jesus histórico*. São Paulo: Loyola, 2000.

TIXERON. *Cadernos de patrologia*. Paris: Livraria Leccoffre, 1912.

UTHERMANN, Allan. *Dicionário judaico de lendas e tradições*. Rio de Janeiro: Zahar, 1991.

VESME, Gesa. *A religião de Jesus*. Rio de Janeiro: Imago, 1998.

WINTER, Paul. *Do processo de Jesus*. Rio de Janeiro: Imago, 1998.

* * *

Depois de Jesus, o Triunfo do Cristianismo. Lisboa, Portugal: *Reader's digest*, 1995.

Maria H. O. Tricca (Org.). *Os apócrifos da Bíblia*. 4 v., São Paulo: Mercuryo, 1995/2001.

A Bíblia Sagrada. Paris: Clouzue, 1958.

Autores Diversos. *A Paixão de Cristo e a filosofia*. São Paulo: Madras, 2004.

Bíblia. Português. *Bíblia de Jerusalém*, São Paulo: Paulinas, 1985.

Bíblia. Português. *Bíblia de referência Thompson*. Tradução de João Ferreira de Almeida. Edição rev. e corr. Compilado e redigido por Frank Charles Thompson. São Paulo: Vida, 1992.

Bíblia. Português. *A Bíblia Sagrada*. Madri: Sociedade Bíblica do Brasil, 1998.

Biblia Vulgata. Ed. A. Colunga e L. Turrado, Madri, BAC, 1979.

Estudo do farisaísmo nos Evangelhos. Cambridge, 1927-1924.

Novo Testamento Trilíngue: Grego/Português/Inglês. São Paulo: Vida Nova, 1998.

Os Evangelhos apócrifos. Madrid: BAC, 1968.

Patologia. Madrid: BAC, 1979.

Professores de Salamanca, *Bíblia comentada*, BAC, 7 vols., Madrid: 1961-1967.

The Gospel of Judas. National Geographic, Washington DC, 2000.